SPORTS
WORD SEARCH PUZZLES

Frank J. D'Agostino &
Ilene J. Rattiner

Dover Publications, Inc.
Mineola, New York

Sports and word search puzzles—what a fun combination! Here are one hundred puzzles to keep you entertained and expand your knowledge of terms related to baseball, basketball, and football, as well as other activities such as billiards, harness racing, and squash. The words may run forward, backward, up, down, or diagonally, and they always run in a straight line and never skip letters. One letter may be used to form more than one word. Circle each word in the grid and then cross it off the list of clues. If you get stuck, the solutions are at the back of the book, beginning on page 101. Good luck and enjoy!

Bibliographical Note

Sports Word Search Puzzles, first published in 2018, is a revised and expanded republication of *Sports Search-a-Word Puzzles,* originally published by Dover Publications, Inc. in 1996. Fifty-one new puzzles have been added to the current edition.

International Standard Book Number
ISBN-13: 978-0-486-82500-7
ISBN-10: 0-486-82500-0

Manufactured in the United States by LSC Communications
82500003   2020
www.doverpublications.com

ARCHERY

AIMS	DRESS SHIELD	QUIVER
APPLE	FEATHER	RELEASE
ARCHERY	FIELD	RINGS
ARROW	FLETCH	ROBIN HOOD
BOLT	GLOVE	SCORE
BOWSIGHT	HUNTING	SHAFT
BULL'S EYE	LAND	SHOOT
CENTER	NOCK	STOCK
COLORS	POINT	STRAIGHT
COMPETE	POSITION	TARGETS
CROSSBOW	POWER	
CUPID	PRACTICE	

```
O F A L D I Q S G N I R A F R
R T E R A I S T O C K I I E F
Y E H A C N P S C O R E T C E
R T V G T H D U N W L N L D S
P B S I I H E O C D E C L M A
C O A H U A E R O C U E I Q E
R F W R A Q R R Y H I A Z N L
O T G E R F C T B H N B O V E
S O L X R O T O S H C I O S R
S O O A M A W S U A T T B L L
B H V P R S S N S I P N E O T
O S E G I E T K S T B P I L R
W T E G R I C O L O R S L O F
E T H D N O P R A C T I C E P
S T V G N G E Y E S L L U B H
```

ATHLETICS

AERODYNAMIC
BEAMON
DECATHLON
DIDRIKSEN
DISCUS
DISTANCE
FOSBURY
HAMMER THROW
HEPTATHLON
HIGH JUMP

HURDLES
JAVELIN
JONES
JOYNER
LANE
LEWIS
LONG Jump
MARATHON
NURMI
OERTER

OWENS
POLE VAULT
RACEWALK
RELAYS
SHOT PUT
SPRINTS
STEEPLECHASE
STRIDE
TRACK
TRIPLE Jump

```
C  E  M  J  U  M  P  K  E  L  W  A  L  K  N
N  I  O  E  S  A  H  C  E  L  P  E  E  T  S
O  V  M  H  D  E  N  F  S  N  O  N  W  M  L
L  H  O  A  L  I  O  I  O  N  O  P  I  A  Z
H  T  A  P  N  S  S  L  L  M  E  L  S  R  S
T  G  I  M  B  Y  H  T  A  E  O  W  O  A  T
A  R  I  U  M  T  D  E  A  N  V  E  O  T  N
T  Z  R  H  A  E  B  O  G  N  R  A  N  H  I
P  Y  T  C  J  M  R  A  R  T  C  J  J  O  R
E  S  E  L  D  R  U  H  E  E  J  E  O  N  P
H  D  I  S  C  U  S  R  C  D  A  O  Y  J  S
S  Y  A  L  E  R  W  A  S  I  J  E  N  A  L
I  M  R  U  N  L  R  T  H  R  O  W  E  E  A
D  I  D  R  I  K  S  E  N  T  U  P  R  P  S
Z  B  V  A  U  L  T  U  L  S  K  C  A  R  T
```

Auto Racing

AUTOMOBILE
BRAKE
CHAMPION
CIRCUIT
COURSE
CREWS
DRAG
DRIVERS
ELAPSED TIME
ENGINE
ENTRY
EVENT
FIELD
FINISH

FLAG
HELMET
HOOD
INDY
LAPS
MECHANIC
MILES
NASCAR
OVAL
PACE
PIT STOP
POLE
POSITION
RACE

RIDE
SEAT
SPECTATORS
SPEED
SPONSOR
START
STEER
STOCK CAR
TIRE
TRACK
TROPHY
TURNS

```
C I R C U I T P O T S T I P A
H E J T N R O V X E C A P U A
A N M D O S A S H S D E T E E
M T Y P I L T E T R X O R L A
P R H T M O L C A U M N A O O
I Y I F C M D G T O R P C P S
O O A K E O G R B C S N K M R
N S C T O C A I I E T I S E O
Y A E H C T L K D V E L C C T
R T S L S E R T X E E A S H A
G D I C I T I I N N R R L A T
D A L R A M D I D T S A S N C
K V L E E R G D E E P S J I E
C T S F I N I S H S W E R C P
B R A K E F Z O R O S N O P S
```

Badminton

BADMINTON
BASE
BIRD
BOUNDARY
CHAMP
CORK BASE
COURT
DRIVE
DROP SHOT
FAULT
GAME
GOOSE FEATHERS
KILL SHOT
LEISURE

LETS
LINESMAN
MATCH
MISS
NETS
OUTDOORS
PLAY
POINTS
POLES
RACKET
RALLY
REFEREE
RETURN
RULE

SAVE
SCORE
SHORT SERVE
SHUTTLECOCK
SIDELINES
SINGLES
SMASH
TEAM
UMPIRE
WALLS
WRIST
YARD

```
N  S  R  E  H  T  A  E  F  E  S  O  O  G  B
R  R  T  O  H  S  P  O  R  D  T  W  D  D  A
U  O  H  E  Y  E  T  W  G  S  X  R  R  T  S
T  O  D  V  L  W  E  N  I  K  I  I  L  Y  E
E  D  B  R  L  H  A  R  I  V  B  U  A  S  L
R  T  A  E  A  X  W  L  E  O  A  L  A  I  G
U  U  D  S  R  Y  L  S  L  F  P  V  N  D  N
S  O  M  T  C  S  Y  G  E  S  E  E  E  E  I
I  K  I  R  H  O  L  R  A  L  S  R  T  L  S
E  T  N  O  V  E  R  M  A  M  O  I  S  I  M
L  R  T  H  T  U  I  K  A  D  E  P  I  N  A
L  U  O  S  L  S  J  N  B  T  N  M  J  E  S
L  O  N  E  S  C  O  R  E  A  C  U  A  S  H
K  C  O  C  E  L  T  T  U  H  S  H  O  E  U
V  C  H  A  M  P  M  R  A  C  K  E  T  B  T
```

BASEBALL

ARTIFICIAL TURF
ASSIST
BALK
BASEBALL
BATTER
BLOOPER
BOUNCE
BULLPEN
BUNT
CATCHER
CLUB
COACH
COUNT

CURVE
CYCLE
DIAMOND
DOUBLE
DUGOUT
ERROR
FAIR
FIELD
FOUL
GLOVE
HELMET
HITTER
INNING

KNUCKLEBALL
LEAGUE
LINEUP
MAJORS
MITT
MOUND
OUTS
PLAY
SAFE
TAGS
TEAM
WALK

```
R T W C T I N N I N G K H F R
R E S K O N S A F E L C R E D
M E H I N U U A V A A U T O C
Y O T C S U N B B O T T U U C
P A U T T S C T C L A B R L S
U M L N I A A K A B L V U K R
E A L P D H C I L E E B U L O
N E U S E T C L B E E R Z A J
I T T V E I L B D L B L 1 W A
L U O M F A U I T E O A C A M
O L L I B L A E D U C O L Y F
G E T E L M R L M L O N P L C
H R S P O R U M P I E G U E E
A A E N O O S G A T T I U O R
B N D R F L E A G U E T F D B
```

BASEBALL HALL OF FAME

AARON
ANSON
APPLING
AVERILL
BANKS
BELL
BENCH
BERRA
BROCK
CAMPANELLA
CAREW
CARLTON
CLARKE

COBB
COLLINS
CRONIN
DEAN
DICKEY
DOERR
DUFFY
FELLER
FORD
FOXX
GEHRIG
GIBSON
HERMAN

HUNTER
KALINE
KEELER
KINER
KLEIN
MANTLE
MAYS
MIZE
RICE
RUTH
WAGNER
WYNN
YASTRZEMSKI

```
A S G S K H E R M A N B A N H
Y V N E K L H T U R E N I C G
Y A E I H N E U V L S N N N K
E F S R L R A I L O O E I W N
E C F T I L I B N R B L A A K
N O I U R L O G C N P L E G E
I B Y R D Z L C O P L D N N E
L B Q M R G E T A E A D B E L
A J I R I F L M N C A R R R E
K Z E B E R A A S D L A R O R
E O S L A N P B W K I A R E F
D O L C T M R X M E I C R O B
N E A L A O X S R A R N K K N
R M E C C O W Y N N Y A E E E
D Q X K F R E T N U H S C R Y
```

BASEBALL TEAMS

ANGELS
ASTROS
ATHLETICS
BLUE JAYS
BRAVES
BREWERS
CARDINALS
CUBS
DIAMONDBACKS
DODGERS

GIANTS
INDIANS
MARINERS
MARLINS
METS
NATIONALS
ORIOLES
PADRES
PHILLIES
PIRATES

RANGERS
RAYS
RED SOX
REDS
ROCKIES
ROYALS
TIGERS
TWINS
WHITE SOX
YANKEES

```
H S X A S D M S S D V I X G S
S V R B T A O R L Y B O K S O
Q E U E R H E D N E S S E E R
S C T L N G L A G E G V B I T
P N I A N I T E T E A N C L S
W N I A R I R I T R R D A L A
S V R W O I H A B I J S R I I
L V W N T W P J M K C F D H N
D I A M O N D B A C K S I P D
A L S Y A J E U L B A R N P I
S B R E W E R S E E K N A Y A
R O C K I E S M E T S D L Y N
G I A N T S E L O I R O S I S
X O S D E R D S R E G I T G O
E K K O E V J I S R O Y A L S
```

BASKETBALL

ASSIST
BASKETBALL
BLOCK
CENTER
CLOCK
CORNER
COURT
DRIBBLE
DUNK
FAKE
FLOOR
FORWARD
FOUL

GAME
GUARD
HOLDING
HOOK
HOOPS
JUMP
LAY-UP
LINE
NETS
PASS
PENALTY
PLAYER
REBOUND

REFEREE
RULES
SCORE
TALL
TIME-OUT
TIP-OFF
TOURNAMENT
TRAVEL
UNIFORM
WALKING
ZONE

R I W L H F T T A P F T E M T
U O I O D R O S E O F E R I L
L N O R U R S N R B R O P S A
E K A O E I A W A E F O E S Y
S U C N S L A S F I F E X A U
G T R T T R K E N F F D N P P
S O O Y D E R U C P C L U O Y
C T Z U T H R M W E L L O N Z
O A O B R E O E T A N A O O K
R L A F L N L L B U L T Y C R
E L O F K E A B D O O K E E K
L U A C P G V M B I U E I R R
L K O D S M A A E I N N M N P
E L N E T S U M R N R G D I G
B M S P O O H J E T T D M J T

BASKETBALL HALL OF FAME

ARIZIN
AUERBACH
BARLOW
BARRY
BAYLOR
BECKMAN
BELLAMY
BRADLEY
BRENNAN
CHAMBERLAIN
COOPER
COUSY
COWENS

DALY
DAVIES
DEBUSSCHERE
DEHNERT
ERVING
FOSTER
FRAZIER
FULKS
GALE
GATES
GOLA
GREER
HAGAN

HAYES
HYATT
ISSEL
LUCAS
MARAVICH
MIKAN
PAGE
PETTIT
RAMSEY
REED
WEST

```
A C Y E E D A V I E S Y A Y W
C R D S L G S A C U L F E O F
H O I E U A A E Z A N S L U A
Y Y W Z E O G P D I M R L L W
M G A E I R C B A A A K O T F
A N B T N N E L R B S G W Z O
R I A U T S R H Y E S S E M S
A V R H S E B A C M N E S I T
V R R E B E B T U S A N T K E
I E Y M C R R C R E S L A A R
C A A K A E O G H O R U L N G
H H M D N O R Z S A L B B E O
C A L H P E T T I T G Y A E B
N E E E E I S S E L T A A C D
Y D R R R E I Z A R F K N B H
```

Basketball Teams

BUCKS
BULLS
CAVALIERS
CELTICS
CLIPPERS
GRIZZLIES
HAWKS
HEAT
HORNETS
JAZZ

KINGS
KNICKS
LAKERS
MAGIC
MAVERICKS
NETS
NUGGETS
PACERS
PELICANS
PISTONS

RAPTORS
ROCKETS
SEVENTY-SIXERS
SPURS
SUNS
THUNDER
TIMBERWOLVES
TRAIL BLAZERS
WARRIORS
WIZARDS

```
S G Y S B J N L K H S S N U S
C R R S R U A M Z U R T U S R
H I E I N E L Z I E O E G E U
W O G X Z A K L Z N I K G V P
I S R A I Z C A S E R C E L S
Z R C N M S L I L T R O T O E
A E N R E B Y I L S A R S W M
R C P A L T S T E E W Z H R A
D A P I L D S R N S P X A E V
S P A S G N I K O E Z T W B E
S R E P P I L C Y T V T K M R
T C A V A L I E R S P E S I I
C E L T I C S H E A T A S T C
S N O T S I P B U C K S R A K
T H U N D E R S K C I N K E S
```

Basketball (WNBA Players and Teams)

AUGUSTUS
BIRD
CASH
CATCHINGS
COOPER
DREAM
FEVER
GRIFFITH
HAMMON
JACKSON
LESLIE

LIBERTY
LYNX
MERCURY
MOORE
MYSTICS
NOLAN
PARKER
PENICHEIRO
PONDEXTER
SKY
SMITH

SPARKS
STARS
STORM
SUN
SWOOPES
TAURASI
THOMPSON
WEATHERSPOON
WHALEN
WINGS

```
R M M L I G T V O P B W R S J
O R I E H C I N E P E E U G A
H W N T S S J L S A V T X R C
S A I E A G I U T E S M L E K
L M M R L B N H F U T A E T S
S Y U M E A E I G Q O E S X O
T A N R O R H U H X R R L E N
T H T X S N A W E C M D I D O
S Y O P G R I F F I T H E N S
K C O M Y R U C R E M A P O E
Y O I D P C O O P E R A C P P
N J W T R S Z F S K R A P S O
S T A R S I O P A K C A S H O
M O O R E Y B N E N A L O N W
D Z T K S N M R S G N I W K S
```

BILLIARDS

ANGLE
BACK
BAGATELLE BOARD
BANK SHOT
BILLIARDS
BOUNCE
BREAK
BRICOLE
BRIDGE
BUMPERS
CAROM
CHALK CUE
COLOR

CORNER
CUSHION
EIGHT BALL
FOOT SPOT
FOUL
GAME
MATCH
NUMBERS
PLAYERS
POCKET
POOL ROOM
POUCH
RACK

RAIL
REST
SCORE
SIDE
SNOOKER
STICK
STROKE
TABLE
TRIANGLE
TURN
WINS

```
K E L B A T Z R S R E Y A L P
E C B N R F T W E K E C Z D G
C E I A W E I O O K H N R E M
N P L T C N A R P A O A R R A
U O L G S K T K L S O O E O T
O U I J N S M K S B T L N C C
B C A H E A C M E R O O F S H
T H R R S U I L O C E R O V F
O U D A E U L R I O O P A F O
H E S K W E C R T B R L M I U
S M M Z T T B E R A E L O U L
K O F A U A K I C D T L O R B
N R G R G C D K I M E R G O Y
A A N O O G Y S R E B M U N P
B C V P E I G H T B A L L H A
```

Bobsledding

BANKED
BOBBER
BRAKEMAN
CHUTE
COAST
COMPETITION
COURSE
CREW
DOWNHILL
DRIVER
ELBOW PADS
EVENT
GOGGLES

HELMET
MOUNTAIN
NARROW
OLYMPICS
RACE
RECORD
RIDE
RUNNERS
SLED
SPECTATORS
SPEED
STARTER
STEEP

STOP WATCH
STRAIGHT A WAY
TEAM
THRILL
TIMEKEEPER
TRACK
TRAIL
TURNS
WALLS
WEIGHT
WINTER

G Q R E B B O B T W E T U H C
S C R E C A R D I E S R U O C
L O I Z M A E N R D C R M R T
E A D A K K T E A R U P U E S
D S E E N E V P E R E N M C R
O T M A R I W W E T N L I O O
W A B Y R O A P I E E P F R T
N R O D B L E T R H M Y S D A
H T T L L E I S N Y P E P S T
I E E I K O P A L U V E E E C
L R R E N X U O R E O L E H E
L H M W O R R A N T G M D T P
T I V Y A W A T H G I A R T S
T U R N S L S T O P W A T C H
F K C A R T H G I E W A L L S

BOWLING

ALLEY
APPROACH
ARROWS
AVERAGE
BAGS
BALLS
BONUS
BOWLING
CONVERT
CURVE
DOUBLES
DOWEL
FINGER HOLES

FRAME
GRIP
GROOVE
GUTTER
HOOK
KEGLER
KINGPIN
LANE
LEAD
LEAGUE
MATCH
MISS
PERFECT

PINS
RECORDS
RETURN RACK
ROLL
SCORE
SHOES
SKITTLE
SPARE
SPIN
SPLITS
STRIKE

```
S  B  B  B  E  L  T  T  I  K  S  L  A  N  E
S  W  A  F  A  D  L  L  O  R  K  H  D  Y  R
P  M  O  L  I  G  O  B  E  C  H  K  O  S  A
L  I  N  R  L  N  S  U  A  A  E  C  O  E  P
I  S  F  S  R  S  G  R  B  G  G  V  T  O  S
T  S  P  S  E  A  N  E  B  L  U  U  R  A  H
S  I  N  M  L  R  A  A  R  O  E  T  E  U  M
N  I  A  E  U  V  C  Q  P  H  W  S  T  D  C
P  R  W  T  E  O  N  S  T  P  O  L  Q  E  J
F  O  E  R  N  I  D  G  R  C  R  L  I  J  R
D  R  A  V  P  R  R  E  Y  S  E  O  E  N  O
Z  G  E  G  O  O  L  E  U  P  D  F  A  S  G
E  R  N  C  O  G  L  N  I  A  J  P  R  C  X
T  I  E  V  E  L  O  R  E  R  O  C  S  E  H
K  R  E  K  A  B  G  L  S  T  R  I  K  E  P
```

BOXING

AMATEUR
BELL
BELT
BLOCK
BLOW
BOUT
BOXING
CANVAS
CARD
CHAMPION
CHIN
CLASS
COACH
CONNECT

CONTEST
CORNER
COUNTER
DANCE
DECK
DEFEAT
DRAW
FIGHT
FLOAT
FLOOR
GLOVES
GUARD
HEAVYWEIGHT
HOOK

JABS
LAND
LEFT
NEUTRAL
POINTS
PUMMEL
REGAIN
RING
SCALE
TAPE
TITLE
TOWEL
TRUNKS

```
T R S T W S T N I O P T G C G
L S U C A O J A B S L U O N H
D A E E A O L W I E A R I E C
H E R T T L L B B R N X A L B
R O F T N A E F D E O V A O S
E L O E U O M L R B Y S U R K
G E I K A E C A T W S T S I N
A F K W F T N N E I C D N U
I T A L F G O I C O T L R G R
N R O I L I G O U S K O L A T
D O G O P H N N E H A C W E C
R H V M T N T N K C C V O E B
T E A A A E E I M M C N A N L L
S H P C R H D N A L E A O A B
C E T U C L E M M U P D D C C
```

Canoeing

BATHING SUIT
CANOE
CAPSIZE
CONTROL
CORACLE
COURSE
DIRECTION
EVENT
FINISH
FLOAT
HELMET
KAYAK
LAKE
LIFE PRESERVER

PADDLE
PENALTY
PIROGUE
PITPAN
POLE
PONTOON
RACE
RAPIDS
RIDE
ROCKS
ROLL
ROUTE
RUDDER
RULES

SAFETY
SLALOM
SPEED
SPLASH
STERN
TEAM
TIPS
TRAVEL
TURBULENT
TURNS
VELOCITY
WAVES

V F E K A L E V A R T N E V E
Y E L C A R O C O N T R O L L
T S R O M A E T S I A Z M K D
I N T E A D P D U U M P A X D
C A E E V T I S D O E Y T E A
O L I L R R G R L U A T E I P
L H L E U N E A E K R P U O P
E E L O I B L S C C S O N O I
V O Y H R S R A E R T T X T R
P N T C P U P U I R O I E U O
J A L L O S L D T O P C O R G
B C A C I O E E N S A E K N U
W S N Z W A V E S R P N F S E
H H E P T E M L E H S I N I F
R A P I D S A F E T Y V T P L

CHEERLEADING

ARABESQUE
BASE
BASKET Toss
CHEER
CHOREOGRAPHY
EXTENSIONS
FLYER
FORMATION
HEEL Stretch
HURDLER

JUMPS
LIBERTY
PEP RALLY
PREPS
PYRAMIDS
SCORPION
SHOULDER Stand
SPLITS
SPOTTER
SPREAD-EAGLE

SQUAD
STEPPERS
STUNTS
TEAM
THIGH Stands
TICK TOCK
TUCK
TUMBLING
TURNTABLE
UNIFORM

```
M Y W Z S I X G H H C Y X C P
R E E U Q S E B A R A H S S J
O X D Q U S N K I I Q P E T W
F O R M A T I O N Z M A U E G
I F P B D Y S D I M A R Y P R
N B R E D L U O H S N G K P C
U A G N I L B M U T N O C E J
G S P R E A D E A G L E O R R
M K C Y T R E B I L Q R T S P
E E U O S P L I T S J O K X R
R T R R R E L D R U H H C O E
R E T T O P S G M P D C I W P
W T Y E U C I P S T U N T S S
H E E L A C S O T H I G H Y Y
W Y B T F M K Y N E A C P S M
```

CRICKET

BALL
BATSMAN
BOWLER
CAPTAIN
COMPETE
COVER
CRICKET
FAIR
FIELD
GLOVE
HAT TRICK
INNING
LEG BYE

LONG LEG
MATCH
MISS
OFFICIALS
OFFSIDES
OVERS
PITCH
PLAY
POINT
POPPING CREASE
RETURN
RULES
RUNS

SCORE
SHORT FINE LEG
SILLY POINT
SLIPS
STUMP
SWING
TEAM
THIRD MAN
UMPIRE
WICKET
WIDE
YORKER

```
S G C Y T T E K C I R C O W E
S N O F F I C I A L S F R S H
I A M G N I N N I E F G A C R
M M P G R R U L E S D E T I E
A S E T E F R N I T R I A Y V
T T T G I L A D N C P F W O O
C A E E P M E I G N I W S R C
H B L A D S O N R U N S B K L
P D U R M P I T I I B T O E O
M S I S Y P E O A F B A Y R N
U H C L P K O T S O T B L P G
T T L O C I P I W R G R L L L
S I P I R A L L N E E A O Y E
S O W S C E E S L T Y V G H G
N R U T E R I P M U E T O L S
```

CROQUET

BALL
BLACK
BLOCKED
BLUE
BONUS SHOT
BOUNDARY
CLIPS
CONTINUATION Shot
COURT
DEADNESS

DOUBLES
FLAGS
FOOT Shot
GRASS
HAND Shot
INBOUNDS
LAST TURN
MALLET
POINTS
POISON Ball

RED
ROQUET
ROVER
SINGLES
STAKES
STRIKER
SUDDEN STOP
WICKETS
WIRED
YELLOW

```
S  V  H  L  P  R  C  Y  V  S  L  F  P  D  F
D  E  L  L  O  O  R  O  T  Y  A  L  O  E  O
P  A  L  Q  L  A  I  E  U  N  S  A  I  R  O
B  O  U  G  D  I  K  N  M  R  T  G  S  I  T
R  E  T  N  N  C  N  K  T  U  T  S  O  W  H
T  E  U  S  I  I  B  B  T  S  U  U  N  A  K
G  O  V  W  N  L  S  P  O  T  R  P  N  C  Z
B  C  I  O  O  E  M  L  H  U  N  D  A  R  W
N  S  Q  C  R  J  D  Z  S  I  N  L  G  E  O
S  E  K  A  T  S  N  D  S  Y  B  D  N  K  L
D  E  A  D  N  E  S  S  U  V  Q  I  S  I  L
D  S  E  L  B  U  O  D  N  S  D  E  R  R  E
M  A  L  L  E  T  H  Z  O  B  L  U  E  T  Y
S  S  A  R  G  E  X  F  B  C  L  I  P  S  K
N  O  I  T  A  U  N  I  T  N  O  C  L  T  X
```

CURLING

BITER
BONSPIEL
BRUSH
BUTTON
CUP
CURL
DRAW
END
FREEZE
GLOVES

GRANITE
GUARD
HACK
HOG LINE
HOUSES
ICE
LEAD
PEBBLE
PEEL
RINK

RUNNING EDGE
SECOND
SHEET
SKIP
SLIDER
STONES
STRIKING BAND
SWEEPING
TEE
THIRD

```
M I X E U G N D S P I M R D D
D N A B G N I K I R T S N L R
D R A U G D H S L I D E R P I
H C P B V F E O M N P U E F H
N A U A R I S G G K C E L E T
B I C E C S C E N L L C E L L
I P E K E C T G S I I Q A B E
T Z M H B D N O P U N N D B I
E S B R N I L T N I O N E E P
R U U O P E U B E E K H U P S
D S C E J Y N U T E S S E R N
H E E D R A W T S E V O L G O
S W G R A N I T E N E N R I B
S K N I R V U O U N V H E O O
T L V V B N W N G L Q Z S R A
```

Cycling

BANANA SEAT
BICYCLE
BRAKE
CHAIN
COAST
CYCLING
DERAILLEUR
DIRECTION
DISTANCE
FENDER
FLAT
GEARS
GLOVES

GRIP
GUARD
HANDLEBARS
HELMET
KICKSTAND
LANES
LAPS
LEADER
LIGHTS
PARK
PATCH
PEDAL
PUMP

REFLECTORS
RIDE
SADDLE
SAFETY
SIGNAL
SPEED
SPOKES
TANDEM
TIRE
TOUR DE FRANCE
TRAIL
WATER BOTTLE
WHEEL

```
L  L  A  N  E  S  P  A  R  K  B  P  T  K  B
S  E  C  N  A  R  F  E  D  R  U  O  T  A  L
E  E  A  Y  R  I  D  E  A  M  R  T  N  K  A
K  H  E  D  C  N  E  K  P  I  Y  A  S  I  N
O  W  N  L  E  L  E  C  M  E  N  L  P  C  G
P  S  O  F  T  R  I  G  N  A  L  F  E  K  I
S  A  I  C  I  T  U  N  S  A  H  D  E  S  S
N  F  T  T  H  A  O  E  G  E  T  W  D  T  U
S  E  C  C  R  A  A  B  L  E  A  S  H  A  T
E  T  E  D  H  T  I  M  R  L  A  G  I  N  S
V  Y  R  P  A  C  E  N  K  E  I  R  H  D  A
O  V  I  N  Y  T  S  P  A  L  T  A  S  C  O
L  R  D  C  H  A  N  D  L  E  B  A  R  S  C
G  E  L  A  D  E  P  L  I  A  R  T  W  E  R
M  E  T  R  S  R  O  T  C  E  L  F  E  R  D
```

DIVING

ARM STAND
BACKWARD
DIBIASI
DIFFICULTY
ENTRY
FLIGHT
FORWARD
FREE
GAO MIN
INWARD

JINGJING
JUDGES
LEE
LOUGANIS
MCCORMICK
MINGXIA
PIKE
PLATFORM
POOL
REVERSE

ROTATION
RUOLIN
SOMERSAULT
SPLASH
SPRINGBOARD
STRAIGHT
TAKEOFF
TUCK
TWISTING
XIONG NI

```
T G P A R M S T A N D H D M J
H N O U L R B V E S R E V E R
G I O Y S O M E R S A U L T H
I T L I R F U N I M O A G I D
A S J N T T O G B H B Q H I K
R I U W V A N R A I G Q F C C
T W D A I L T E W N N F I V N
S T G R S P E O I A I M Y G I
P A E D A K I J R C R S G N L
L K S L I W G P U O P D G T O
A E W P B N K L C K S N J V U
S O G V I X T C C W O L R N R
H F X J D Y M U A I X G N I M
A F L I G H T D X B F R E E L
R B X R X K F X Y D S Q K Z L
```

EQUESTRIAN SPORTS

BOOTS
BREECHES
BRIDLE
BRIDOON
COLLECTION
CURB BIT
EVENTING
EXTENSION
FALLS
FAULTS

FENCES
FREESTYLE
GAIT
HORSE
KNOCKDOWNS
OBSTACLES
PENALTIES
RAILS
REFUSALS
SADDLE

SHOW Jumping
SPREAD JUMPS
SPURS
STADIUM Jumping
TACK
TAILCOAT
TOUCHES
VERTICALS

```
Y S X E W K O G S F S B F R S
T E T U V E N L A P I R S E H
F I G O L E A O M I E I E F O
A T B D U C N U C E T D C U W
L L D B I C J T S K T L N S E
L A N T R D H T I A D E E A X
S N R D A U Y E I N V O F L T
I E N E L L C L S F G P W S E
V P R S E L C A T S B O X N N
H P S B C O L L E C T I O N S
S E L V A B R E E C H E S S I
N X I T N O O D I R B S Z N O
S T A D I U M S T L U A F G N
S C R K B O O T S E S R O H E
K R N S P U R S R I J D F Y J
```

Famous Jockeys

ANTLEY
ARCARO
BAILEY
BAZE
BLUM
BOREL
BOSTWICK
CASTELLANO
CAUTHEN
CORDERO

DAY
DESORMEAUX
ESPINOZA
GARNER
KRONE
MCCARRON
MILLER
MURPHY
PINCAY
PRADO

SANDE
SHOEMAKER
SMITH
SMITHWICK
SOLIS
STEVENS
TURCOTTE
VASQUEZ
VELAZQUEZ

```
N E H T U A C Z R C U B K M R
B O K N R N G X A W S A C C E
L W M C V T F S A T E F I C N
U K A M I L T Z U N L R W A R
M R X U A E M R O S E D H R A
O R D F L Y C R Z L R W T R G
E A E L Y O K E L D O U I O S
Y S A K T E U I H I B X M N N
O N P T A Q M E E D N A S K E
O R E I Z M B O S T W I C K V
B F E A N X E V A S Q U E Z E
K A L D K O D O Y A C N I P T
M E Z X R O Z I H P R A D O S
V M N E B O U A J S O L I S D
M U R P H Y C Y E L I A B P J
```

FAMOUS SPORTSCASTERS

ALBERT
ALLEN
BARBER
BUCK
CARAY
CARILLO
COLLINS
COSELL
COSTAS
DUNPHY

ENBERG
GARDNER
GEORGE
GLICKMAN
GOWDY
JACKSON
MADDEN
MCCARVER
MCKAY
MICHAELS

MUSBERGER
NELSON
OLIVER
RIZZUTO
ROBERTS
SCULLY
STORM
SUMMERALL
TAFOYA
VISSER

```
R R B M Y L L U C S C O G O R
T E I A I C V M J S A T R L E
N Q G V R C A G T B R U E I S
S E G R O B H R Z X I Z B V S
S F L S E E E A A Z L Z N E I
M T T S G B C R E Y L I E R V
N A O R O O S N Q L O R S Q E
S O O R L N A U X L S F A N J
Z E S L M M E Z M A M N A E P
G X I K K M C C A R V E R T N
Q N E C C R W O R E N D R A G
S U I M U A T S B M A L L E N
A L B E R T J E U M Y D W O G
G Y H P N U D L C U M C K A Y
U M A D D E N L K S O K P H D
```

FENCING

APPEL
BELL
BUTT
CARTE
COLLEGE
COMBAT SPORT
CONTEST
DEFEND
DUEL
EN GARDE
ÉPÉE
FENCING
FLÈCHE
FOIBLE

FOIL
GLOVES
HANDLE
HELMET
HILT
HITS
JUDGE
LESSONS
LOW-LINE
LUNGE
MATCH
MESH
OCTAVE
PARRY

PISTE
POINTE
RULE
SABER
SALLE
SECONDE
SEPTIME
SWORDS
TARGET
TEAM
TERCE
TOUCHÉ
VOLT
WIRE

```
E H A H B H A N D L E T Y S S
C M E P T E L L A S T R D E T
D A I H P R L E L U R R C E E
E U R T C E O L B A O O G P E
V V E T P U L P P W N R E W T
A O B L E E O I S D A E O I N
T L A H M S S T E T N F N R I
C T S A E T S W E G A E O E O
O E T V E E G L S N E B F I P
M C O R T N O F E N G L M E L
H L C N I W L E L L O A L O D
G E O C L E G H H U B S R O C
M C N I C D I O K I N I S D C
V E N H U L M A E T T G O E E
F E E J T H E L M E T S E F L
```

FIGURE SKATING CHAMPIONS

BAIUL
BOITANO
Brasseur and EISLER
BUTTON
CARRUTHERS
COUSINS
DAVIS and White
FLEMING
Gordeeva and
    GRINKOV

Grishuk and PLATOV
HAMILL
HAMILTON
HEISS
HENIE
JENKINS
KERRIGAN
KULIK
KWAN
LYSACEK

PETRENKO
PLUSHENKO
SALCHOW
SALÉ and Pelletier
SHEN and Zhao
SLUTSKAYA
TORVILL and Dean
WITT
YAMAGUCHI

```
P  K  C  P  B  E  Z  O  C  G  K  P  F  S  W
K  U  E  A  H  U  K  N  R  O  L  L  L  I  O
I  L  V  R  R  N  T  I  E  L  U  U  L  V  H
E  I  S  L  E  R  N  T  I  H  T  S  Z  A  C
R  K  N  R  H  K  U  V  O  S  S  H  I  D  L
A  C  T  O  O  E  R  T  K  N  C  E  N  N  A
L  E  T  V  T  O  N  A  H  P  A  N  A  F  S
P  X  I  U  T  L  Y  I  P  E  G  K  G  L  P
R  F  W  M  I  A  I  K  E  P  R  O  I  E  L
B  O  I  T  A  N  O  M  E  I  N  S  R  M  A
S  N  I  K  N  E  J  L  A  C  F  D  R  I  T
F  L  L  I  M  A  H  K  U  H  A  O  E  N  O
E  L  A  S  D  I  W  A  G  I  D  S  K  G  V
I  H  C  U  G  A  M  A  Y  O  A  X  Y  D  E
N  C  M  J  N  H  E  I  S  S  J  B  M  L  Z
```

FISHING

ALBACORE
DEEP SEA
DOCK
FISHING
FLIES
FLOATS
FLOUNDER
FLUKE
GAFF
GROUPER
HERRING
LAKE
LOBSTER
LURE

MACKEREL
MARLIN
MINNOW
MULLET
PAIL
PERCH
PICKEREL
PORGY
QUILL
RED SNAPPER
REEL
RODS
RUBBER BOOTS
SALMON

SARDINE
SCALLOP
SCROD
SHAD
SINKER
SNAPPER
SPINNER
SPRAT
STURGEON
TRAWL
WATER
WHITEFISH
WRASSE

W C P R E T S B O L E R U L R
R M D A T N R E N N I P S E E
A W S A I R R S P R A T D R D
S Z C L H L A E S Z A S M E N
S T R F R S M W T O N A G K U
E A O O F I I E L A C L N C O
M G D O N A R F P K W M I I L
U S M N B O G P E E A O R P F
L G O P C R E R O T R N R E I
L W Q A O R E G E R I C E N S
E H B U E L F B R P G H H I H
T L P K L L L L B U P Y W D I
A E N I I A E A U U T A R R N
R I U E K E D O C K R S N A G
S Q S E R D E E P S E A L S C

FOOTBALL

ADVANCE	FORWARD LATERAL	PASS
BLITZ	GAMES	PLAY
BLOCK	GOAL	POINT
BOMB	GUARD	PUNT
BOWL	HAND-OFF	RETURN
CARRY	HEISMAN TROPHY	SACK
CATCH	HELMET	SAFETY
CLEATS	HIKE	SPREAD
DEEP	HOLDING	TACKLE
DEFENSE	HUDDLE	TEAMS
DOWNS	KICKER	THROWS
DRIVE	LEAGUE	YARD
END ZONE	OFFENSE	
FAKE	PADS	

```
F  E  K  B  S  P  R  E  A  D  B  B  L  S  E
F  O  S  C  O  P  A  S  S  O  L  E  T  C  S
H  F  R  N  O  W  C  L  M  I  A  A  N  Y  D
E  C  O  W  E  L  L  B  T  G  E  A  H  O  A
T  K  T  D  A  F  B  Z  U  L  V  P  W  Y  P
H  N  A  A  N  R  E  E  C  D  O  N  A  K  S
R  R  U  F  C  A  D  D  A  R  S  R  H  C  M
O  U  I  P  C  Y  H  L  T  E  D  E  Y  A  A
W  T  E  A  T  O  E  N  A  T  L  R  M  S  E
S  E  R  E  L  N  A  S  K  T  E  D  I  A  T
D  R  F  D  D  M  G  P  N  I  E  M  D  V  G
Y  A  I  Z  S  U  G  H  O  E  C  R  L  U  E
S  N  O  I  A  O  Z  Y  I  I  F  K  A  E  H
G  N  E  R  A  P  L  A  Y  K  N  F  E  L  H
E  H  D  L  T  A  C  K  L  E  E  T  O  R  H
```

FOOTBALL HALL OF FAME

ALWORTH
ATKINS
BARNEY
BERRY
BIDWILL
BLANDA
BROWN
BUTKUS
CAMPBELL
CARR
CSONKA
DAVIS
DITKA
DORSETT

DUDLEY
FEARS
FORD
FOUTS
GRANT
GREGG
HEIN
HUFF
HUNT
JONES
LAMBERT
LANE
LARY
MARA

NEALE
NOLL
OLSEN
OTTO
OWEN
PAGE
ROZELLE
SAYERS
SIMPSON
TARKENTON
UNITAS
UPSHAW
WOOD

```
A  B  B  C  A  K  N  O  S  C  F  H  N  B  Y
D  T  L  E  A  O  W  E  N  O  U  O  R  E  A
H  A  K  A  R  R  G  P  R  F  T  O  N  K  E
N  E  V  I  N  R  R  D  F  N  W  R  T  N  Y
O  O  I  I  N  D  Y  L  E  N  A  I  A  E  E
S  D  L  N  S  S  A  K  L  B  D  L  W  A  L
P  O  G  L  G  U  R  L  H  E  S  T  B  L  D
M  O  Z  R  N  A  A  O  L  T  B  R  N  E  U
I  W  E  I  T  M  L  D  Z  I  R  P  A  U  D
S  G  T  A  B  S  O  S  S  E  W  O  M  E  H
G  A  R  E  E  R  R  S  T  U  L  D  W  A  F
S  A  R  N  S  E  T  O  L  N  K  L  I  L  C
M  T  O  E  Y  U  T  L  X  A  A  T  E  B  A
F  J  T  A  O  T  E  G  A  P  R  R  U  B  C
F  T  S  F  O  W  A  H  S  P  U  Y  G  B  P
```

FOOTBALL TEAMS

BEARS
BENGALS
BRONCOS
BROWNS
BUCCANEERS
BULLS
CARDINALS
CHARGERS
CHIEFS
COLTS
COWBOYS

DOLPHINS
EAGLES
FALCONS
FORTY-NINERS
GIANTS
JAGUARS
JETS
LIONS
PACKERS
PANTHERS
PATRIOTS

RAIDERS
RAMS
RAVENS
REDSKINS
SAINTS
SEAHAWKS
STEELERS
TEXANS
TITANS
VIKINGS

```
S  U  S  G  N  I  K  I  V  S  C  S  G  D  S
S  R  E  N  I  N  Y  T  R  O  F  K  O  K  F
S  R  E  D  I  A  R  A  L  S  L  L  U  B  A
N  T  X  E  B  K  E  T  U  J  P  V  X  M  L
E  S  N  W  N  B  S  E  A  H  A  W  K  S  C
V  Y  R  A  C  A  R  D  I  N  A  L  S  X  O
A  S  F  E  I  H  C  N  E  J  E  T  S  Q  N
R  A  M  S  L  G  S  C  B  R  O  N  C  O  S
P  I  D  R  L  E  H  S  U  I  B  Y  S  Y  N
A  N  T  A  C  A  E  N  R  B  E  B  O  O  A
C  T  L  U  R  L  G  T  Q  Y  F  B  T  F  X
K  S  Y  G  G  B  A  N  S  N  W  O  R  B  E
E  S  E  A  B  P  M  N  E  O  J  E  G  Z  T
R  R  E  J  A  O  E  G  C  B  S  N  O  I  L
S  R  E  H  T  N  A  P  T  I  T  A  N  S  I
```

GOLF

ADDRESS
APPROACH
APRON
BAGS
BIRDIE
BOGEY
BRASSIE
BUNKER
CADDIE
CART
CIRCUIT
CLEEK
CLUB
COURSE

DRIVE
DUNK
FAIRWAY
FLAT
FORE
GALLERY
GOLF
GREEN
GRIP
HOLE
IRON
LINKS
MASHIE
MATCH

OPEN
PUTTER
RANGE
ROUGH
ROUND
SCORE
SENIORS
SHOOT
STROKE
TOURNAMENT
TRAPS
WOOD

```
E A C T T M A S H I E F E B R
N I P L O R N O R I L R O E E
R E D R E U A K J A O G K V S
E O E R O E R C T C E N I K C
S L U R I N K N S Y U R N L R
T W O G G B S H A B D I U S O
R O Z H H E O A A M L B E G U
O O Q G N O P G T D E D M A N
K D R I T P E Y A I D N U B D
E I O R R I A E C L U R T N N
P R A O S W S E M A L C E Z K
S P A S R R G E F A D E R S X
S C A I U N R D A L T D R I S
H R A O A O O P E N O C I Y C
B F C R F P U T T E R G H E S
```

Gymnastics

ASYMMETRICAL
ATHLETES
COMPETE
EVENTS
EXERCISE
HANDSTANDS
HIGH BAR
HORIZONTAL BARS
JERSEY
JUDGE
JUMP

LEAP
LEOTARDS
MOUNT
OLYMPICS
PARALLEL
PERFORM
POMMEL HORSE
PRACTICE
RHYTHM
RINGS
ROPE

SCORE
SOMERSAULTS
SPORTS
STEPS
STRENGTH
SWING
TEAM
TUMBLE
UNEVEN BARS
VAULT

```
E H E S R O H L E M M O P J S
X P O V V F S D R A T O E L T
E C A R E T E P M O C R A U L
R G K R I N R I N G S C M P U
C U S A A Z T U Z E I B E E A
I N C T S L O S Y R L P P R S
S E I H C T L N T E O U M F R
E V P L O E P E T R T G U O E
C E M E R A M R L A H N J R M
I N Y T E M A S V S L Y U M O
T B L E Y B T A J G T B T O S
C A O S H E U L R U N R A H M
A R A G P L E A P N D I O R M
R S I S T R E N G T H G W P S
P H A N D S T A N D S D E S S
```

GYMNASTICS CHAMPIONS

ANDRIANOV
ARTEMEV
BILES
BOGINSKAYA
CASLAVSKA
CHUKARIN
COMANECI
CONNER
DAVYDOVA
DOUGLAS

HAMM
KAI
KATO
KHORKINA
KORBUT
LATYNINA
LENHART
LIUKIN
MCNAMARA
NEMOV

PATTERSON
RAISMAN
RETTON
SCHERBO
SHAKHLIN
SILIVAS
UCHIMURA
VIDMAR
WHITLOCK
YUN

S N L A R A M A N C M A J Y O
M A A N I K R O H K O R B U T
V M Y K L S T U L X E N M N A
P S A A G V K B M E T Y N I K
N I L H K A H S V I N S P E L
B A I P R L J O A Y H H V O R
O R W I Z S N E M O V C A Q C
G Y N H L A T Y N I N A U R P
I C L D I C E N A M O C J T T
N O S R E T T A P N O T T E R
S K D O U G L A S A V I L I S
K N I K U I L O B R E H C S E
A V O D Y V A D C L B Z G W L
Y J I V Q E G T J T K K A P B I
A R T E M E V I D M A R W W V B

HANDBALL

BLOCK	MISS	RULE
BOUNDARY	OPPONENT	SCORE
CHALLENGE	OVERHAND	SERVE
DEAD BALL	PALM	SHORT LINE
DOUBLES	PARK	SIDE-ARM
FINGERS	PENALTY	SINGLES
FIVES	PLAY	SLAP
FOUR WALLS	POINT	TEAM
GAME	POWER	VOLLEY
GLOVES	PUNCH SHOT	WINS
HITTING	REFEREE	WRIST
LINESMEN	RETURN	ZONE
MATCH	RUBBER BALL	

```
S  H  M  S  Y  R  A  D  N  U  O  B  G  Z  R
P  C  Q  A  H  K  T  R  N  Z  S  N  N  U  E
E  O  O  R  E  O  U  O  B  A  I  E  B  C  W
K  L  I  R  E  T  R  L  H  T  H  B  R  P  O
W  W  U  N  E  F  O  T  T  S  E  R  L  V  P
L  R  G  R  T  C  E  I  L  R  H  A  E  D  E
U  L  I  L  K  P  H  R  B  I  Y  C  I  V  V
F  S  A  S  O  C  A  A  E  T  N  S  N  O  O
I  I  S  B  T  V  L  L  L  E  E  E  L  U  P
N  D  V  A  D  L  E  A  M  L  M  L  B  K  P
G  E  M  E  V  A  N  S  G  A  E  N  Z  R  O
E  A  I  N  S  E  E  N  G  Y  C  N  L  A  N
R  R  S  O  P  N  I  D  S  N  I  W  G  P  E
S  M  S  Z  I  S  E  L  B  U  O  D  H  E  N
H  P  A  L  S  L  L  A  W  R  U  O  F  F  T
```

Harness Racing

BACKSTRETCH
BLANKET Finish
BREAK
BREEDERS CROWN
CAMPBELL
CHART
COVER
CROSS FIRE
DEAD HEAT
DRIVER

FILLION
GREYHOUND
HAMBLETONIAN
HARNESS
HOMESTRETCH
HOPPLES
HORSE
LENGTH
MEADOWLANDS
NIATROSS

PACER
PARKED OUT
PEDIGREE
PHOTO Finish
POST
QUALIFIER
RACETRACK
STANDARDBRED
SULKY
TROTTER

```
N  I  A  T  R  O  S  S  P  H  O  T  O  R  N
E  H  C  T  E  R  T  S  K  C  A  B  E  A  W
I  A  A  A  S  E  A  H  R  T  K  V  I  C  O
D  R  M  E  D  T  N  K  O  E  I  N  R  E  R
B  N  P  H  N  T  D  F  H  R  O  O  S  T  C
L  E  B  D  A  O  A  I  D  T  S  O  P  R  S
A  S  E  A  L  R  R  L  E  S  G  E  D  A  R
N  S  L  E  W  T  D  L  F  E  M  N  H  C  E
K  E  L  D  O  G  B  I  W  M  U  J  E  K  D
E  L  Y  Y  D  M  R  O  C  O  V  E  R  L  E
T  P  K  K  A  E  E  N  H  H  W  Z  L  C  E
R  P  L  H  E  V  D  Y  B  R  E  A  K  J  R
A  O  U  U  M  R  E  I  F  I  L  A  U  Q  B
H  H  S  P  A  R  K  E  D  O  U  T  T  W  K
C  E  E  R  G  I  D  E  P  A  C  E  R  J  F
```

HIKING

BACKPACK
BOOTS
CAMERA
CAMP
CANTEEN
CITY
COMPASS
DIRECTIONS
DISTANCE
FIELD
FOOT
FOREST
HIKING
HILL

JOURNEY
LACES
LEGS
MAPS
MARCH
MARKERS
MILES
PACE
PARADE
PARK
PATH
PONCHO
REST
ROCKS

ROUTE
SIDEWALK
SIGHTS
SOCKS
START
STEP
STREET
STRIDE
STROLL
STRUT
TERRAIN
TRAIL
TREK
WOODS

```
C Y F S H O H C N O P F D S T
P M L I C P R E S T O I T E R
K A L I E I M V A O R O E O S
E L R E A L T A T E O R U T P
C E A A G R D Y C B T T A A S
N D R S D S T T E S E R C K I
A I E O Q E I U S N T E L E D
T R M C S O N B R S R R O R E
S T A K N E A S O T A U O T W
I S C S E C R G T S S P O L A
D O T T K E N M M S T D M J L
R E N P K I A P A I E H O O K
P A A R K R A P R P L R G O C
C C A I C T L A C E S E O I W
K M H H H N I A R R E T S F S
```

Hockey Hall of Fame

ABEL
ACANLAN
ADAMS
APPS
BAILEY
BAIN
BAKER
BARRY
BELIVEAU
BENTLEY
BOSSY
BOWER
BOWIE
BURCH

CLANCY
CLARKE
COOK
GERARD
GRANT
GREEN
HALL
HERN
HOWE
HULL
IRVIN
KELLY
KEON
LACH

LEWIS
MARSHALL
MCGEE
MOORE
MORAN
NOBLE
PARK
PITRE
POTVIN
PRATT
RAYNER
ROSS
SHUTT

K A N B A I L E Y U S X E K A

N N B I C E B B A M Z I E P C

H O L E A B A E A N W L P O E

B O E L L B V D Y O L S O T K

E T W K A I A S B Y I K C V R

N T N E L H S A N D T R D I A

T A U E B O S E C M R N V N L

L R B A B B E R O A R A A I C

E P R L U R M R A Y N E R R N

Y R A R G C A P E M R L W E G

Y C C L G N I N E S H E A O G

H H L E N T R P O R I L K N B

P U E R R O Z L A B O W L A L

H H E E S H U T T R L O E A B

B H C S C L A N C Y K E M L H

HOCKEY TEAMS

AVALANCHE
BLACKHAWKS
BLUE JACKETS
BLUES
BRUINS
CANADIENS
CANUCKS
CAPITALS
COYOTES
DEVILS

DUCKS
FLAMES
FLYERS
HURRICANES
ISLANDERS
KINGS
LIGHTNING
MAPLE LEAFS
OILERS
PANTHERS

PENGUINS
PREDATORS
RANGERS
RED WINGS
SABRES
SENATORS
SHARKS
STARS
THRASHERS
WILD

```
S  M  S  S  S  H  A  R  K  S  K  C  U  D  V
J  C  E  G  S  U  Y  W  T  F  B  L  U  E  S
Z  O  R  N  K  R  N  H  S  L  I  V  E  D  H
I  Y  B  I  W  R  A  I  U  A  S  B  B  S  S
S  O  A  W  A  I  L  E  E  M  R  R  C  K  N
L  T  S  D  H  C  J  H  A  E  E  U  A  C  I
A  E  H  E  K  A  C  P  S  S  H  I  P  U  U
N  S  J  R  C  N  L  I  G  H  T  N  I  N  G
D  G  K  K  A  E  U  F  N  P  N  S  T  A  N
E  C  E  L  L  S  N  E  I  D  A  N  A  C  E
R  T  A  E  B  H  H  N  K  P  P  L  L  L  P
S  V  A  S  J  S  R  E  G  N  A  R  S  D  I
A  F  S  E  N  A  T  O  R  S  R  E  Y  L  F
S  R  O  T  A  D  E  R  P  S  R  E  L  I  O
F  S  R  A  T  S  F  Q  O  V  P  Q  B  W  C
```

HORSE RACING

ASCOT
BACKSTRETCH
BELMONT STAKES
BETS
BINDER
CLUBHOUSE
COLT
COURSE
DEAD HEAT
HELMET
HORSE
JOCKEY
JUMP

KENTUCKY DERBY
MUDDER
NECK
NOSE
PADDOCK
PALOMINO
PASS
PHOTO-FINISH
PONY
POSITION
POST
PREAKNESS
RACE

RESULTS
RIDE
ROSES
SECOND
SPEED
STALL
STEEPLECHASE
SWEAT
THOROUGHBRED
TOTE BOARD
TRACK
TRIPLE CROWN

```
T  R  I  P  L  E  C  R  O  W  N  Y  N  O  P
H  K  T  J  P  B  E  S  U  O  H  B  U  L  C
O  C  D  O  H  E  L  M  E  T  E  R  J  M  O
R  O  R  C  O  L  T  S  K  T  O  E  U  E  U
O  D  A  K  T  M  L  C  S  S  H  D  M  S  R
U  D  O  E  O  O  E  A  E  C  D  Y  P  A  S
G  A  B  Y  F  N  D  S  T  E  K  K  O  H  E
H  P  E  P  I  T  E  E  R  S  U  C  N  C  C
B  Z  T  O  N  S  R  R  A  C  E  U  I  E  O
R  P  O  S  I  T  I  O  N  D  H  T  M  L  N
E  P  T  T  S  A  D  M  K  O  H  N  O  P  D
D  L  A  K  H  K  E  S  R  C  L  E  L  E  E
T  O  C  S  A  E  E  S  O  N  A  K  A  E  E
T  A  E  W  S  S  E  N  K  A  E  R  P  T  P
B  I  N  D  E  R  E  S  U  L  T  S  S  T  S
```

ICE DANCING

AXIS
BORDER
CHASSE
CHOCTAW
CONTINUOUS
COUNTER
COUPEE
CROSS Stroke
FOXTROT Hold
HAND IN HAND

KILIAN Hold
LIFTS
LOBE
LONG
MOHAWK
OPEN Stroke
PASSE
PATTERNS
PIROUETTE
PROGRESSIVE

ROCKER
SHORT
SLIP STEP
STEP SEQUENCE
SWING Roll
TANGO Hold
TRANSVERSE
TURN
TWIZZLE
WALTZ Hold

```
S  S  E  K  C  E  S  S  B  F  W  E  P  G  R
B  T  N  S  E  H  N  H  O  L  C  S  R  A  O
R  T  E  P  R  R  O  X  O  O  W  S  O  E  C
G  E  U  P  E  E  T  C  N  R  O  A  G  T  K
S  O  D  T  S  R  V  T  T  O  T  H  R  T  E
C  I  T  R  O  E  I  S  J  A  G  C  E  E  R
R  A  X  T  O  N  Q  M  N  N  W  W  S  U  W
P  D  P  A  U  B  X  U  O  A  O  Q  S  O  C
O  S  S  O  R  C  R  L  E  H  R  K  I  R  O
U  A  U  K  I  L  I  A  N  N  A  T  V  I  U
S  S  L  I  P  S  T  E  P  S  C  W  E  P  N
D  N  A  H  N  I  D  N  A  H  T  E  K  E  T
P  A  S  S  E  G  N  I  W  S  U  F  I  B  E
T  A  N  G  O  Z  T  L  A  W  R  J  I  O  R
E  L  Z  Z  I  W  T  O  P  E  N  T  M  L  J
```

ICE HOCKEY

ARENA
ASSIST
BENCH
BLADE
BLOCK
BOARDS
CENTER
CHARGE
CHECK
CLEAR
COACH
CORNER
ELBOW
FACE-OFF

FORWARD
GLOVE
GOALIE
HELMET
HOCKEY
HOLDING
HOOK
LEAGUE
LINE
MASK
NEUTRAL
OFFSIDE
PASS
PENALTY

PROFESSIONAL
PUCK
RINK
RUSH
SAVE
SHOT
SKATE
STANLEY CUP
STICK
TEAM
WING
ZONE

```
Y C X Z S E I L A O G E R O Q
N T H K O K G N I W L E F G F
O E L A C N A O G B T F N A H
S G U A R E E T O N S I C L C
Y T M T N G H W E I D E A O P
E S A K R E E C D L O N R A L
K H S N C A P E O F O N S M E
C O K L L U L H F I E S Y A A
O T E E K E P D S R C K L E G
H A N C B T Y S R S A O O T U
R I I L S H E C B A D N A O E
L T O I C F R V U L W R E C H
S C S N O I X U O P A R A R H
K S E R N E V A S L A D O O A
A B P K T E M L E H G M E F B
```

Ice Skating

AXEL
CHOREOGRAPHY
COMBINATION
CONTEST
DANCE STEPS
FIGURE
GLIDE
GRACE
INSTRUCTOR
JUMP
LACES
LANE
LEAP
LOCKER

LOOP
MARKS
MOTIONS
OLYMPICS
PAIR
PATTERN
PIROUETTE
POSITION
PRACTICE
REFEREE
RINK
RUNNER
SCORE
SHORT TRACK

SHOW
SKATE
SPEED
SPIN
SPLIT
SPRINT
TEAMS
TECHNICAL MERIT
TIMEKEEPER
TOES
TRAIN
WINTER

S P E T S E C N A D S K R A M

C P C R O T C U R T S N I T S

I H L P A E S P I N G L I D E

P F O I A X S M O M F R X T C

M I C R T T E I P A E L T O A

Y G K U E K T L T M L E M P L

L U E P E O C E L N U B R O P

O R R E M G G A R O I A S O I

E E P E R U C R R N C R S L K

E E A A T I J I A T I I P N S

R R C F N N P T I P T A I S P

O E A H P L I C J I H R R E E

C F C A A O E W O H S Y O T E

S E I N N C O N T E S T Y H D

T R E N N U R S M A E T A K S

INVICTUS GAMES

ADAPTIVE
ARCHERY
ATHLETICS
BASKETBALL
BENCH PRESS
CYCLING
DRIVING
GOLF
HANDCYCLE

PARALYMPIC
POWERLIFTING
PRINCE HARRY
PROSTHESIS
RECUMBENT
ROWING
RUGBY
SWIMMING
TANDEM

TENNIS
THROWING
TRACK
VETERANS
VOLLEYBALL
WARRIOR
WHEELCHAIR

```
I Y H T T T G I E B W V M T V
P M R R H N A V Y H Y O S N E
J R A R I R I N E C S L L E T
E C O W A T O E D S M L L B E
K L O S P H L W E E A E L M R
G R C A T C E R I R M Y A U A
N R D Y H H P C C N S B B C N
I A U A C H E H N I G A T E S
L I I G C D E S N I I L E R D
C R P N B R N N I A R L K O R
Y B E P Y Y E A W S F P S I I
C B S C I T E L H T A U A R V
S W I M M I N G F L O G B R I
T J P A R A L Y M P I C C A N
G N I T F I L R E W O P M W G
```

JUDO

ANKLES
ARMLOCK
ATEMI
BALANCE
BODY DROP
  THROW
BOUT
CLASS
COMBINATION
COMPETE
CONTEST
COUNTER
DEFENSIVE

DRAW
GRADE
GRIP
HOLD
INSTRUCTOR
IPPON
JUDO
KEIKOKU
KOKA
LESSONS
LIFT
MARTIAL ARTS
MASTER

MATCH
MATS
OPPONENT
PINS
POINTS
POSITION
POSTURE
PUSH
REFEREE
STAND
TRAIN
TRIP
TROPHY

```
P  R  O  T  C  U  R  T  S  N  I  P  S  Z  B
I  B  E  C  O  M  P  E  T  E  B  T  D  O  Y
R  L  I  F  T  E  L  H  D  M  R  N  U  W  H
G  R  A  D  E  K  V  Z  C  A  A  T  R  O  P
D  R  A  W  N  R  N  I  L  T  T  T  I  R  O
L  C  N  A  X  O  E  A  S  S  A  M  S  H  R
O  O  T  O  P  I  I  E  E  N  E  M  S  T  T
H  U  R  P  I  T  S  T  K  T  E  U  H  P  N
T  N  I  A  R  T  N  E  A  U  P  F  P  O  E
R  T  P  A  N  O  I  R  C  N  I  G  E  R  N
A  E  M  I  C  K  M  S  E  N  I  J  U  D  O
N  R  O  L  O  L  S  T  O  T  A  B  U  Y  P
G  P  A  K  O  K  A  I  F  P  S  L  M  D  P
E  S  U  C  L  E  S  S  O  N  S  A  A  O  O
S  Y  K  C  E  R  U  T  S  O  P  D  M  B  C
```

KARATE

ARMS
ATTACK
BELT
BLOW
BOARD
BREAKING
COMPETE
CONTACT
CONTEST
COUNTER
DECISION
DIVISION
FIGHT
GRADE

GRIP
HOOK
INSTRUCTOR
JACKET
KARATE
KICK
KUMITE
LESSON
MATS
POINTS
POWER
PUNCH
REFEREE
SCORE

SELF-DEFENSE
SPARRING
STANCE
STRENGTH
TARGET
TECHNIQUE
TIMEKEEPER
TOURNAMENT
TRAIN
TROPHY
WHISTLE
WRIST

```
S C O R E U Q I N H C E T S S
T O R E P E E K E M I T P E C
L N T E G R A T S M R A L O O
E T E P M O C H A M R F N K U
B E D N I A R T Z R D T O J N
E S E M A T S G I E A O S I T
Q T C C L J N N F C H K S N E
B N I A N D G E T A H W E S R
R I S M R A N R M F T C L T E
E O I A U S T T I A I T N R W
A P O P E K K S B P N G A U O
K B N D I V I S I O N R H C P
I B A C V R E F E R E E U T K
N R K H E L T S I H W B L O W
G J J A C K E T R O P H Y R T
```

KICKBOXING

AXE
BELTS
BOBBING
CLINCHING
CROSS
DECISION
ELBOW Strike
FIGHTER
FOOTPADS
GLOVES

HEADBUTT
HOOK
JAB
KICKS
KNEE STRIKE
KNOCKOUT
MOUTH GUARD
MUAY THAI
PARRY
POINTS

PUNCHES
RING
ROUNDHOUSE
ROUNDS
TAKEDOWN
TKO
UPPERCUT
URQUIDEZ
WALLACE
WEAVING

W S U R S S E D H G J I Z T R

E R T P S D E L L A L U U U E

A H O O P C N O B E C R Y O T

V B R U I E V U K O Q Q Y K H

I C T S N E R I O A W U C C G

N D I T S D R C O R Y I L O I

G O M O U T H G U A R D I N F

N A Z S S B R O K T R E N K I

W X C E M W D I U I A Z C A S

F E E X Q F A A N S P T H K T

G N I B B O B L E G E T I I L

K P U N C H E S L H Y K N C E

T A K E D O W N W A O G G K B

S D A P T O O F U O C A L S Q

S T N I O P R M H X R E R U C

LACROSSE

ATTACKER
BALL
BODY CHECK
CARRY
CLEAR
CREASE
CROSSE
DEFENDER
DEFENSIVE
FACE-OFF

FAST BREAK
FLANGE
FOUL
GLOVES
GOAL
GOALKEEPER
MIDFIELDER
MOUTH GUARD
NET
OFFSIDES

PADS
PASS
POWER PLAY
RIDE
SETTLED
SHOT
SLASHING
STICK
TRANSITION
WING

```
R K O D S T F F Y R J I G B
E A F U E O R L F E R Y O D O
P E F C U F A A D O A R E P D
E R S L R N E L N L E L A E Y
E B I S G O E N P S T C L C C
K T D E D I S R D T I U A O H
L S E O F A E S E E P T H F E
A A S D I W P S E S R Z I C C
O F I M O U T H G U A R D O K
G M O P A T T A C K E R S H N
G N I H S A L S C R E A S E B
S T I C K S E V O L G E A W A
L A O G N D S H O T U L P I L
L K I E I C H U P C D C A N L
W S T R E V I S N E F E D G E
```

Luge

AERODYNAMIC
ARTIFICIAL
BLOCK
BOOTIE
BRAKING
BRIDGES
COMPRESSION
DOUBLES
EXTENSION
FACE SHIELD

GLOVES
GRIPS
HANDLES
HELMET
NATURAL
PADDLES
POD
PULL
PUSH
RACING SUIT

RUN
RUNNERS
SINGLES
SLED
SPIKES
START RAMP
STEELS
STEERING
SUPINE
TRACK

```
D L D G W R I I T S A P D L S
C I M A N Y D O R E A L S A T
Z S X E K O S R S K E E E I A
P C E C X E I T J I Y I L C R
X A A G L T E S H P S T B I T
K R D D D E E S S P O U F R
T C N D R I E N E E I O O I A
D A O I L C R P S L R B D T M
H O N L A E C B U I G P U R P
O G P F B O S Z B S O N M A N
R A C I N G S U I T H N I O X
G L O V E S G N I K A R B S C
N A T U R A L P T E M L E H G
U X S R E N N U R E N I P U S
R D E L S T E E L S P U L L X
```

MODERN PENTATHLON

AIM
BOUNDARY
BOUTS
COMBINED
COOK
COURSE
DE COUBERTIN
DISTANCE
EPÉE
EQUESTRIAN

FENCING
FIRING
FREESTYLE
HALL
HEATS
HORSE RIDING
JUMPS
LASER-RUN
MOISEYEV
PISTOL

POINTS
RELAY
RIDER
ROUND-ROBIN
RUNNING
SCHÖNEBORN
SHOOT
SWIMMING
TARGETS
VICTORY

```
G F E N C I N G B N Z C V L N
T N A I J B N C I O O M E O A
F U I U W I R B O M U V Y T I
Q F M D M N O U B O I T E S R
R P R M I R U I N C K B S I T
S E I E D R N R T N A O I P S
M W D N E E E O R Y I U O C E
S I U I D S R S G E U N M T U
X O A K R Y T G R V S D G A Q
R E S R U O C Y N O S A S R E
E C N A T S I D L I H R L G H
P O I N T S Y A L E R Y X E E
S H O O T L L A H A F I P T A
N I T R E B U O C E D E F S T
S C H O N E B O R N E C F T S
```

Motocross

BACKFLIP
BERMS
BIG AIR
BLOCK PASS
CASING
CLIFFHANGER
COFFIN
DIRT BIKE
FLINTSTONE
FOUR-STROKE
FREESTYLE

GOGGLES
HART ATTACK
JUMPS
RAMP
RULER
RUTS
SCRUBBING
SEAT BOUNCE
SUPERCROSS
SUPERMOTO
SUPERMAN

TRACK
TRACTION
TRIPLE
TSUNAMI
TURN
TWO-STROKE
UNDERFLIP
WHIP
WHOOPS

```
R  E  G  N  A  H  F  F  I  L  C  S  E  H  B
I  K  K  Y  G  L  L  T  S  U  N  A  M  I  U
N  O  C  O  F  F  I  N  E  P  P  T  U  R  N
O  R  E  S  R  D  N  C  A  S  I  N  G  K  D
I  T  K  C  A  T  T  A  T  R  A  H  C  S  E
T  S  I  R  S  D  S  J  B  L  S  A  W  L  R
C  O  B  U  L  S  T  R  O  T  R  B  Y  O  F
A  W  T  B  G  U  O  L  U  T  L  T  B  T  L
R  T  R  B  O  P  N  R  N  O  S  W  I  O  I
T  R  I  I  G  E  E  C  E  F  H  G  M  P
E  I  D  N  G  R  E  K  E  R  U  O  A  R  R
Y  P  M  G  L  M  P  R  A  G  E  O  I  E  E
N  L  A  R  E  A  F  M  V  W  C  P  R  P  L
B  E  R  M  S  N  P  J  U  M  P  S  U  U  U
O  A  A  S  P  I  L  F  K  C  A  B  T  S  R
```

Mountain Biking/BMX

ALL-MOUNTAIN
BERMS
BODY ARMOR
BUNNY HOP
CAMEL
CLIPLESS
CORNERING
CROSS-COUNTRY
DIRT Jumping
DOUBLETRACK

DOWNHILL
ENDURO
FREE RIDE
FULL Suspension
HARDTAIL
HYDRATION
JUMPS
PEDALS
RIGID
ROCK Garden

ROLLER
SINGLETRACK
SLOPESTYLE
STEP-DOWN
STEP-UP
TABLETOP
TIRES
TRAIL
WHEELIE
WHIP

```
G Y A K H L T K S C I C B N D
M G W C G N I R E N R O C O O
P B M A J R G J A O O K U I W
S O O R B E R M S I L B H T N
S D M T S L G S V L L U F A H
L Y F E P L C A M E L N W R I
O A L L M O U N T A I N H D L
P R I G U R F R W P F Y E Y L
E M A N J O A R S O M H E H V
S O T I P C H E E T D O L V L
T R D S K K R S S E L P I L C
Y U R I G I D C W L R B E Y C
L D A S T P N C V B D I R T V
E N H I O Y P E D A L S D F S
C E W H I P U P E T S M V E A
```

NASCAR Drivers

ALLISON	HORNADAY	RICHMOND
BODINE	INGRAM	ROBERTS
BUSCH	ISAAC	RUDD
BYRON	JARRETT	TEAGUE
EARNHARDT	JOHNSON	THOMAS
ELLIOTT	LABONTE	WALLACE
EVANS	MARTIN	WALTRIP
FLOCK	OWENS	WEATHERLY
FOYT	PEARSON	WHITE
GORDON	PETTY	YARBROUGH

```
E  T  W  L  A  W  P  R  D  C  R  D  Y  J  S
Y  L  R  E  H  T  A  E  W  D  N  G  A  A  T
S  V  L  I  N  I  H  E  T  O  U  O  D  R  R
R  B  T  I  N  O  C  G  M  T  L  R  A  R  E
E  E  O  G  O  A  S  H  U  H  Y  D  N  E  B
S  U  R  D  L  T  C  R  E  O  J  O  R  T  O
A  A  G  L  I  I  T  A  A  O  R  N  O  T  R
M  B  A  A  R  N  R  S  H  E  I  B  H  E  T
O  W  Y  U  E  N  E  N  D  H  P  G  R  V  H
H  W  X  R  H  T  S  N  I  T  R  A  M  A  F
T  B  O  A  O  O  B  U  S  C  H  R  C  N  Y
O  N  R  F  N  N  O  W  E  N  S  I  A  S  H
P  D  K  K  C  E  T  N  O  B  A  L  A  G  L
T  A  L  L  I  S  O  N  T  Y  O  F  S  W  K
W  A  L  T  R  I  P  K  C  O  L  F  I  L  Y
```

OLYMPIC CHAMPIONS (FEMALE)

ADAMS
ASHFORD
BEARD
COMANECI
COOPER
DE POURTALÉS
DIDRIKSON
DOUGLAS
EGERSZEGI
ENKE

FELIX
FISCHER
FRASER-PRYCE
JOYNER-KERSEE
KHORKINA
LATYNINA
LEDECKY
LIUKIN
MAROULIS
MILLER

OTTEY
PECHSTEIN
RETTON
RUDOLPH
THOMPSON
TORRES
WERTH
WU

J I Z N O L S C G B F D N Y S

I O G L E C A M X R A E I F A

C R Y E E G M U A N D P E T L

E E M N Z D R S I D R O T H G

N T O A E S E K Q C A U S O U

A T T R R R R C M O E R H M O

M O T U P O K E K I B T C P D

O N E R H L U E G Y L A E S R

C S Y K S V Z L R E I L P O U

F C L I U K I N I S C E E N D

E L A T Y N I N A S E S Y R O

N O S K I R D I D G N E Q R L

D R O F H S A F I S C H E R P

R E P O O C S E R R O T N T H

F E L I X H T R E W E N K E R

OLYMPIC CHAMPIONS (MALE)

ANTHONY
BOLT
CHARPENTIER
FERGUSON
HEIDEN
JOHNSON
KARELIN
KILLY
KIRALY
KOSS

LEWIS
LOUGANIS
MEDVED
NEMOV
NING
NURMI
NYKÄNEN
OERTER
OHNO
OWENS

PHELPS
PLUSHENKO
SAVÓN
SCHERBO
SPITZ
THORPE
TIKHONOV
TOMBA
WEISSMULLER

L N N Z R S K O B L U A N O N

T O D I I E B I U O N B E Z U

E C U W L R L S R T L R N T R

T P E G E E E L H A T T A I M

N L R H A A R O U E L W K P I

U O C O M N N A R M C Y Y S H

T S V Y H Y I W K T S C N O K

Q X O A G T Q S G I P S V K O

I N N O S N H O J K I M I N S

R E I T N E P R A H C E Y E S

S P L E H P N E M O V D L H W

H E I D E N B J B N I V L S W

F E R G U S O N I O V E I U I

S N E W O T I N S V Y D K L D

T O M B A K G O N H O V Y P R

Olympic Games

ATHENS
BASEBALL
BOBSLED
BRONZE
CANOE
COACH
COMPETES
COURSE
CYCLING
DISCUS
DIVING
EVENTS
FENCING
FLAGS

FLAME
GAMES
GOLD
HOST
HURDLE
JAVELIN
JUDGES
JUDO
JUMP
LUGE
MARKS
MATCH
MEDAL
OATH

OLYMPICS
OPENING
PAIRS
POINT
POLE VAULT
RELAY
SHOT PUT
SILVER
STADIUM
TEAM
TENNIS
TORCH

```
L T G R F S T N E V E P C D W
T L L N E T E N N I S K I D S
G U A U I V S E M A G S E E S
H N P B A V L O C C C L T E M
N C I T E V I I H U S E G A M
I R A L O S E D S B P D R A H
L E J O C H A L O M U K E C U
E L U V C Y S B O J S T G H R
V A D R F T C C U P C D U T D
A Y O L A E S M I E E A L A L
J T A D Z N P M S P S N N O E
C M I N E O E E A G M R I O R
E U O H I D L O G T A Y U N E
M R T N A P A I R S C L L O G
B A T L F E N C I N G H F O C
```

OLYMPICS (SPECIAL)

ATHLETICS
BADMINTON
BASKETBALL
BOCCE
BOWLING
CRICKET
CYCLING
EQUESTRIAN
EUNICE SHRIVER

FLOOR HOCKEY
FOOTBALL
GOLF
GYMNASTICS
HANDBALL
JUDO
KAYAKING
NETBALL
POWERLIFTING

ROLLER-SKATING
SKATING
SKIING
SNOWBOARDING
SOFTBALL
SWIMMING
TENNIS
TRIATHLON
VOLLEYBALL

R Y O K A Y A K I N G E G H B

C E Q U E S T R I A N N N S O

Y K V S E P G F P V I O I O W

C C O I C P E S B T D L T F L

L O L N R A B C A I R H F T I

I H L E I H A K C N A T I B N

N R E T C N S T R O O A L A G

G O Y B K R K E C T B I R L S

W O B A E C E N C N W R E L W

S L A L T D T N M I O T W C I

H F L L V D B I I M N J O J M

G O L F O J A S Q D S U P R M

R S C I T E L H T A C D E Q I

H A N D B A L L A B T O O F N

G N I I K S C I T S A N M Y G

Olympics (Summer)

ARCHERY
ATHLETICS
BADMINTON
BASKETBALL
BOXING
CANOE
CYCLING
DIVING
EQUESTRIAN
FENCING

GOLF
GYMNASTICS
HANDBALL
HOCKEY
JUDO
PENTATHLON
ROWING
SAILING
SHOOTING
SWIMMING

TABLE Tennis
TAE KWON DO
TENNIS
TRIATHLON
VOLLEYBALL
WATER Polo
WEIGHT LIFTING
WRESTLING

E L B A T F R O W I N G H D R
N E N G V O L L E Y B A L L E
F O Q S H P G O I C R L H T T
Z N S H O S E F G C A G A A A
U A W O C G S N H B N X N E W
G C I O K Z E E T I N N D K W
N Y M T E U R E L A O O B W S
I C M I Y Y K T I T T L A O A
C L I N I S S R F H N H L N I
N I N G A E T B T L I T L D L
E N G B R S C O I E M A P O I
F G Q W E F T X N T D I F D N
S O D U J F U I G I A R Z U G
K A Q T C Z C N C C B T L R Q
J E D I V I N G C S I N N E T

Olympics (Winter)

ALBERTVILLE (1992)
ALPINE Skiing
BIATHLON
BOBSLEDDING
CALGARY (1988)
CHAMONIX (1924)
CROSS-Country Skiing
CURLING
FIGURE SKATING
FREESTYLE Skiing
GRENOBLE (1968)

ICE DANCING
ICE HOCKEY
INNSBRUCK (1964, 1976)
LAKE PLACID (1932, 1980)
LUGE
NAGANO (1998)
NORDIC Combined
OSLO (1952)
SAPPORO (1972)

SARAJEVO (1984)
SPEED Skating
SKELETON
SKI JUMPING
SNOWBOARDING
SOCHI (2014)
SQUAW Valley (1960)
TORINO (2006)
VANCOUVER (2010)

```
G N I D D E L S B O B D K S V
G N I T A K S E R U G I F Q M
S K I J U M P I N G I C M U G
E Y Q D W H A B W E C A N A N
A L B E R T V I L L E L O W I
P X Y J S A O B J O D P T Y L
B I A T H L O N D N A E E S R
S N P I S N N B O I N K L S U
O O O O E E W V W R C A E O C
C M E R S P E E D O I L K R A
H A G F D J N R H T N N S C L
I H U F A I I E F L G S H V G
U C L R P K C U R B S N N I A
Q I A L C I V A N C O U V E R
E S A P P O R O N A G A N Z Y
```

POLO

ARENA
ARGENTINA
BALL
BOOTS
BUMP
CHUKKAS
DEFENSE
FIELD
FOUL
Number FOUR

GOAL
GOALPOST
HELMET
HOOKING
HORSEBACK
KNEE GUARDS
LINE of the Ball
MALLET
OFFENSE
Number ONE

POLO STICK
PONY
REFEREE
RIDE-OFF
SADDLE
SCRAMBLER
SHIRT
Number THREE
Number TWO
UMPIRE

F I E L D E S R E F E R E E A
E L D D A S D E I R O A R T A
J R I K D L R S R D N M U H T
H O R S E B A C K I E P O R H
O L D I K S U I T S P O F E E
P M U B E W G N Q W H M F E L
G O Y O U N E N E S H I U F M
N A L J F G E S N C R G R Y E
I E P O R C N M M R O H O T T
K A S A S E K A S A K K U H C
O N J N F T L G L M D Q Q B S
O E K F E L I P E B I P A T L
H R O N E F O C T L Y L O A D
W A V T P S E W K E L O O N T
L I N E T S O D J R B G B P Y

Racquetball

BACKSWING
BLOCK
BOUNCE
CENTER
COLLEGE
COURT
CUTTHROAT
DOUBLES
ERRORS
EXERCISE
FAULT
FOLLOW-THROUGH
GAME

GLOVE
GRIP
HANDLE
KILL
LEGS
LINE
MATCH
MISS
MOVES
OVERHEAD
PENALTY
PLAY
PLUM

PRACTICE
RACQUETBALL
RALLY
REFEREE
RULES
SERVE
TIE-BREAKER
TIME-OUT
TOURNAMENT
VOLLEY
WALLPAPER SHOT

```
W  P  F  G  B  R  E  K  A  E  R  B  E  I  T
S  A  D  O  G  A  P  E  C  K  V  V  Y  P  O
E  S  L  X  L  L  C  T  R  O  R  O  L  I  U
L  G  I  L  U  L  R  K  L  E  L  I  L  R  R
B  R  E  M  P  U  O  L  S  X  F  B  A  G  N
U  P  A  L  O  A  E  W  S  W  O  E  R  G  A
O  E  Z  C  L  Y  P  E  T  U  I  F  R  S  M
D  N  X  Y  Q  O  L  E  N  H  A  N  D  L  E
M  A  M  E  T  U  C  C  R  U  R  J  G  M  N
O  L  E  A  R  I  E  E  L  S  Z  O  A  E  T
V  T  H  H  T  C  M  T  N  J  H  G  U  S  V
E  Y  H  C  R  C  I  E  B  T  T  O  G  G  K
S  Y  A  L  P  E  H  S  O  A  E  E  T  I  H
S  R  O  R  R  E  V  J  E  U  L  R  L  Q  Q
P  C  U  T  T  H  R  O  A  T  T  L  I  N  E
```

Rock Climbing

ADZE
AID CLIMBING
ANCHOR
ASCENT
BELAY
BICYCLE
BOLLARD
BOLTS
BOULDERING
BUCKET

BUMP
CAM
CARABINER
CHALK
CHIMNEY
CHOCK
CRIMP
DAISY CHAIN
DROP KNEE
FLAGGING

FREE CLIMBING
GLOVES
HANDHOLDS
HARNESS
HELMET
JAM
RAPPEL
ROPES
SLING
SLOPE

```
G X H C D G C F P N M S N F Y
Y N A A L R L H I T S G A T A
A M I O N A A A A E Z N M J L
W S V B G D H L N L O I D N E
H E C G M C H R L D K R R Y B
S N I E Y I A O M O G E O E U
F N X S N H L U L E B D P N M
G N I L S T L C D D R L K M P
G A N C H O R E D O S U N I K
D E L C Y C I B P I N O E H B
C A R A B I N E R P A B E C U
T E M L E H S M A J A D Q J C
B O L T S K C O H C N R Z D K
H I S L O P E K C R I M P E E
I C G N I B M I L C E E R F T
```

Rodeo

BARREL RACER
BOOTS
BRONC RIDING
BUCKLING CHUTE
BUFFALO
BULL RIDING
BUZZER
CALF ROPING
CHALLENGE
COMPETE
CROWDS
DIRT

EVENT
EXHIBITION
FLAG
GOAT TYING
GRAND ENTRY
HATS
HOLD ON
HORSE
MATCH
PERFORM
REIN
RIDE

RIGGING
RODEO
ROPER
ROUNDUP
SADDLE
SHOW
STEER WRESTLING
TIME
TROPHY
WESTERN
WINNER

```
G  N  I  D  I  R  C  N  O  R  B  G  T  C  E
S  I  P  C  H  C  T  A  M  O  U  X  R  A  T
T  H  E  B  O  O  T  S  D  D  L  P  O  L  U
E  O  R  C  U  M  R  T  D  E  L  U  P  F  H
E  L  F  E  H  F  P  S  R  O  R  D  H  R  C
R  D  O  S  N  A  F  E  E  I  I  N  Y  O  G
W  O  R  A  D  N  L  A  T  D  D  U  R  P  N
R  N  M  D  H  W  I  L  L  E  I  O  T  I  I
E  R  R  D  A  O  O  W  E  O  N  R  N  N  L
S  E  E  L  T  H  A  R  E  N  G  O  E  G  K
T  T  I  E  S  S  R  M  C  C  G  P  D  A  C
L  S  N  O  I  T  I  B  I  H  X  E  N  L  U
I  E  V  E  N  T  B  U  Z  Z  E  R  A  F  B
N  W  B  A  R  R  E  L  R  A  C  E  R  W  F
G  O  A  T  T  Y  I  N  G  N  I  G  G  I  R
```

Rowing

BOW
BUTTON
COXSWAIN
DECK
DOUBLE
EIGHT
FISA
GATE
GERMAN RIGGING
HEADRACE

LIGHTWEIGHT
OAR
PORT
POWER TEN
QUAD
REPECHAGE
RIGGER
RUDDER
RUN
SCULLS

SHELL
SINGLE
SLIDE
STARBOARD
STERN
STRAIGHT
STRETCHER
STROKE
SWEEP
SWING

```
N A W R G A T E B U T T O N H
J M T Z E P E E W S M A Y S K
K T M S X P F L L B T N G T N
L I G H T W E I G H T N N A E
N I A W S X O C G N I B N R T
X D D B E A G I H G I S K B R
R A O O S C E N G A T S T O E
L W X I U W A I I R G T E A W
R S F S F B R R E W H E X R O
I T E G L N L T D G S R K D P
G E K P A I C E I A U H C K Q
G R O M O H D A B D E X E C U
E N R W E R R E D I N H D K A
R E T R B T T E S L L U C S D
G Y S H S G R S H E L L R O K
```

Rugby

AMATEUR
CONVERSION
DROPPED GOAL
FANS
FIELD
FULLBACK
GAME
HALFBACK
HOME
HOOKER
JUDGE
KICK
LATERAL

LEAD
LEAGUE
LEFT
LINE
MARK
MATCH
NUMBER
OFFSIDES
OUT-OF-BOUNDS
PASS
PLAYER
POINTS
PROP FORWARD

PUNT
RIGHT CENTER
RIVAL
RUGBY UNION
RULES
RUNNING
SCORE
SCRUMMAGE
SHORTS
TEAM
TOUCH
WINGER

```
D A P R U G B Y U N I O N L F
R M T O U C H W H M U K E U I
O A D V I O I L A T E R A L E
P T E A M N N K O T O A R N L
P E I E G G T F C C S M I U D
E U G E C E B S S A P L V M R
D R R D B O U C E H B Q A B A
G Z I D U M N G R D O L L E W
O R A N A J A V A P I R L R R
A E D T D M G P E E L S T U O
L S C K M A U L T R L A F S F
D H C U M N U F A N S H Y F P
C I R E T N E C T H G I R E O
K C A B F L A H R E K O O H R
S N G N I N N U R U L E S N P
```

SAILING

BACKSTAY
BATTEN
BOOM
BOW
DECK
DOWNWIND
DRAG
FORESTAY
GRIND
GYBE

HALYARD
HULL
JIB
KEEL
LEECH
MAINSAIL
MAST
PORT
REACHING
ROPES

RUDDER
SHEETS
SKIPPER
STARBOARD
STERN
TACK
TAILING
TILLER
TRANSOM
WINCH

```
R H B N K O T H X R S J L M S
E Y A C E A K M C T G I E O K
D T E L I T U B E N A N E O I
D D G L Y R T E R S I C C B P
U G I D A A H A N G D W H D P
R N Y R T S R I B D R L P S E
G G N B S Y A D H T F I T K R
D H D K E M M L U D R A N O K
C N E D R T I L L E R O P D C
V E I W O J I B L B C E P F A
L H O W F D B W O T S A M S T
X B Z U N R E A C H I N G J Z
U H H C B W R Y A T S K C A B
N R E T S D O M O S N A R T A
D R A G S K Q D T G V Q Q Q Z
```

Scuba Diving

SELF-CONTAINED
UNDERWATER
BREATHING
APPARATUS

AQUANAUT
BOAT
CAMERA
DISCOVER
DIVE
EQUIPMENT
FINS
FISH
FLOAT

FROGMAN
HOSE
INHALE
INSTRUCTOR
LEVEL
MASK
MOUTHPIECE
NAVY
OBSERVE
PARTNER
POLICE
REEF
RESCUE
RESERVE

RIVER
SAFETY
SCUBA
SEARCH
SEAS
SNORKEL
STRAP
SUIT
SUPPLY
SURFACE
TANK
TEAM
UNIT

```
E D I S C O V E R E N T R A P
C E Q U I P M E N T E E F R O
A J D I P Z S E A A S R D E L
F Y V A N E S O M C I E Y M I
R I R G R S B A U V N U L A C
U T N V N R T E E I T N P C E
S F E S Z I E R A S Q I P E O
N E C E I P H T U O M T U B N
O L A G X D N T A C Z A S S A
R A V R I O A P A W T E S Y M
K H V V C R K F E E R O T K G
E N E F A H O S E V R E R T O
L I L P S L E V E L F B D A R
Z E P I N T U A N A U Q A N F
S A F L O A T J S C U B A K U
```

AIR Rifle
BENCHREST
BIATHLON
BULL'S-EYE
BUNKER
CALIBER
CARTRIDGE
CHAMBER
CLAY PIGEON
DISTANCE

FULLBORE
HIGH POWER
MARKSMANSHIP
METALLIC Silhouette
PENTATHLON
PISTOL
POPINJAY
PRACTICAL Shooting
PRECISION
PRONE

RANGE
RIFLE
RUNNING Target
SHOTGUN
SIGHTS
SKEET
SMALL Bore
STOCK
TARGET
TRAP

```
L L A M S N O L H T A I B S V
X O H T P R O O D E X V G H W
J H T N O E I I I G S T N O K
C P Z S P W N A S D T A I T V
I R F E I O O T T I O R N G Z
L A U G N P E S A R C G N U F
L C L N J H G E N T K E U N G
A T L A A G I R C R H T R B C
T I B R Y I P H E A G L S P A
E C O E S H Y C F C B B O E L
M A R K S M A N S H I P L N I
B L E N M B L E Y E S L L U B
S E Q U N U C B S I G H T S E
T B B B G V P V C H A M B E R
P R O N E L F I R P A R T A P
```

SKATEBOARDING

BALANCE
BALL BEARINGS
BEECH
BEND
BOARD
BONGO
BRAKE
CONTROL
COURSE
CUSTOM
DECALS
DECK
DOWNHILL
DUCK WALK

FEET
GAMES
HANDSTANDS
HANG TEN
HELMET
HIPS
JUMPING
KNEE PADS
MAPLE
NOSE
PADS
PAINT
PARK
PLASTIC

POPLAR
RACE
RIDES
SLALOM
SPEED
STANCE
STOKER
STUNTS
SURFACE
TRICK
TURN
WOOD

S S L Y O S L A L O M N B O C
R G D O W N H I L L O E G U G
A A N N R R I D E S E N S A H
T K L K A T O C E C O T M S I
S N Q P R T N J H B O E G T P
T E I E O A S O U M S N X O S
U E W A T P P D C M I K T K U
N P O S P H C B N R P C U E R
T A O A E I N B A A D I R R F
S D D L T E A E D C H R N L A
R S M S T L B M B E O T A G C
Z E A G A L E C A R C U E O E
T L N N L D E C K P A A R E B
P A C A D U C K W A L K L S F
H E B E N D E E P S N E E S E

SKI JUMPING

AMMANN
BAR START
BINDINGS
BOOTS
CONNECTION CORD
CROUCH
DISTANCE
EDWARDS
FLIGHT
GLOVES

GOGGLES
HELMET
INRUN
K POINT
KNOLL
LANDING
LARGE Hill
NORMAL HILL
NORWAY
NYKANEN

OUTRUN
RAMP
SCAFFOLD
SKIS
SUIT
TAKEOFF
TEAM
TELEMARK
V STYLE
WIND

```
N H N P S T C B B C L L O N K
Y O M N H U I L A T I C Q H E
D A R G A N I K R H K N N C G
R L I M D M L T S C R Y U I R
S L O I A B M R T U A K R N A
F H N F L L O A A O M A T R L
U G E B F A H O R R E N U U D
S C H L W A N I T C L E O N G
O H I T M J C D L S E N I X S
G O G G L E S S I L T W L D K
C O N N E C T I O N C O R D P
E C N A T S I D U P G A J P O
S F F O E K A T Y A W R O N I
G L O V E S S R Y D M A E T N
V S T Y L E C N E S K I S U T
```

ALPINE
BEND
BIATHLON
BINDINGS
BOOTS
COMPETE
CONTROL
CROSS-COUNTRY
DISTANCE
DOWNHILL
EVENT
FINISH
FLIGHT

FREESTYLE
GOGGLES
HAIRPIN
HELMET
HILL
LANDING
LESSONS
LIFTS
MOGUL
MOUNTAIN
NORDIC
OBSTACLES
OLYMPICS

POLE
PRACTICE
RACE
RESORT
SKIS
SLALOM
SLOPE
SNOW
STAND
TERRAIN
TRAVERSE
TURNS

```
S E L C A T S B O A L P I N E
E L T L K S C I P M Y L O N L
L I A N B E N I P R I A H S Y
G F H L E E T R S B W Y E L T
G T B Q O V N R U N R P C O S
O S K I S M E D A T O R A P E
G H E L O P O T N V C S R E E
N I N G H W N U E O E A S E R
I L U O N E O I N P C R C E F
D L C H L C L T A T M N S I L
N N I I S H R M I R A O N E I
A L A S D O T C E T R I C W G
L F O T L R E A S T S E N O H
E R M J S L O I I H S H T N T
C H S G N I D N I B O O T S J
```

Skydiving

ACCURACY
ALTIMETER
ALTITUDE
CLASS
DIRECTION
DROPPING ZONE
EQUIPMENT
FREE FALL
GRAVITY
GROUND
HARNESS
HEIGHTS

HELMET
JUMPS
LAND
LESSONS
NYLON
PARATROOPERS
PILOT
PLANE
PRACTICE
REAR SLOT
RESCUE
RIBBON

RIP CORD
RISER
SHOULDERS
SILK
SKIRT
SKYDIVING
SPEED
STEERING LINES
STRAPS
STUNT
TRAIN
TURN

K S K Y D I V I N G R O U N D

S E N O Z G N I P P O R D T E

R N N J L L A F E E R F O P Q

E I O A R E T E M I T L A N U

D L S S L D E E P S I R Y E I

L G T E S P D C S P A L U N P

U N O E R E O I E T O C T O M

O I L C J R L Y R N S N H B E

H R S I D K T O C E L Z H B N

S E R T E I O N R A C A U I T

P E A C V P R X J R R T N R R

M T E A E U S T U N T U I D A

U S R R T E M L E H C K C O I

J G S P A R T S A S S A L C N

H E I G H T S E D U T I T L A

SLED DOG RACING

ALASKA
CONTEST
DRIVER
FINISH
FREEZE
HARNESS
HUSKY
IDITAROD
LEAD
LOAD
MALAMUTE
MUSHER
NUMBER
PAWS

PUSH
RACE
RECORD
REST
ROUTE
RULES
RUNNER
SEASON
SLED
SLIDE
SNOW
SNUBLINE
START
STRAIGHT

TEAM
TEMPERATURE
THERMAL
TIME
TOWN
TURNS
VETERINARIAN
VICTORY
WEATHER
WHIP
WIND
WINNER
WINTER
WORKING DOGS

```
T R T F D H E V Y R O T C I V
U A O W S O K Z M D S I V E R
R C W I O N R R E E A M T T E
N E N E U R E A T E R E A U T
S I C M R V K N T E R P L O N
F N B O I U O I H I I F A R I
Z E O R R C T S N H D W S N W
R N D W M D U A W G L I K O F
W I N D A M R K R A D W A S H
E L S O L I M X M E P O Y A A
A B L L A E A R B T P K G E R
T U I N M S E L U R S M V S N
H N D N U H T H S U P E E T E
E S E S T A R T H G I A R T S
R U N N E R E N N I W D E L S
```

SNOWBOARDING

ALPINE
BACKCOUNTRY
BACKSIDE
BIG AIR
BINDINGS
BOARDERCROSS
BOOTS
BOXES
CARVING
CORK

CRAIL
CRUISING
FAKIE
FREE RIDING
FREESTYLE
FRONTSIDE
HALF-PIPE
JIBBING
JUMPS
METHOD

NOLLIE
OLLIE
POPPEN
RAIL JAM
RAILS
SHIFTY
SLOPESTYLE
SNURFER
SWITCH
WHITE

```
S R S R R S H S R H S X G S D
J L R G E I N N E Z S G N T O
U Q O X N U A P F E O Y I O H
M Q O P R I I G I T R D S O T
P B W F E P D L I T C F I B E
S O E L F S L N N B R R U R M
H R P L J O T U I O E E R A C
I W A P N I O Y N B D E C I R
F H H F E C B T L F R S E L A
T N E I K N S B A E A T I J I
Y A H C T I W S I R O Y K A L
C H A I D E J Z M N B L A M S
O B P E C A R V I N G E F H M
R E D I S K C A B E N I P L A
K N E F R E E R I D I N G W W
```

Soccer

BOOTS
CENTER
CORNER
DEFENDER
DIVISION
FACE-OFF
FIELD
FLAG
FORWARD
FOUL
GOAL
HACK

HALFBACK
HEADER
IN-STEP
JUGGLE
KICK
LEFT WING
LINESMAN
MATCH
NEUTRAL ZONE
OFFENSE
OFFSIDE
PASS

POWER PLAY
REFEREE
RIGHT WING
SERVICE
SHIELD
SOCCER
STRIKER
SWEEPER
TEAM
WING
WORLD CUP

G M H T P E T S N I D R S E D
N A A A E J U G G L E O D D Y
I P L T C A E O E N C I R A S
W B U F C K M I R C S A L E J
T S E C Q H F O E F W P R R A
F W S N D R C R F R R V I X D
E E N A O L E O O E I G R L I
L E E F P Z R F W C H K E L V
I P F W A E L O E T C I K R I
N E F I T C P A W R H C I E S
E R O N L U E I R S E K R D I
S D E G G V N O F T T E T A O
M C C O M G F D F O U O S E N
A H A L F B A C K F U E O H Y
N L K R E D N E F E D L N B F

SOFTBALL

BASES
BAT
CHICAGO
CLEATS
CURVEBALL
FAST-PITCH
FASTBALL
FERNANDEZ
FINCH
FLY

HANCOCK
HOME PLATE
INFIELDERS
LINE DRIVE
OSTERMAN
OUTFIELDERS
PITCHER
RICHARDSON
RISEBALL
RUNS

SACRIFICE
SCREWBALL
SHORTSTOP
SLOW-PITCH
STEAL
STRIKE ZONE
UMPIRE
UNDERHAND
WINDMILL

X L S H S C S L L A B E S I R
T P E A H F L L A B E V R U C
C R O N O C O O E L S T E A L
P A S C R E W B A L L R D F E
O D T O T T P L S A S W L L C
D E E C S A I Z D B T C E I I
O B R K T L T E N T R L I N F
E G M I O P C D A S I L F E I
L Q A H P E H N H A K I T D R
F I N C H M E A R F E M U R C
L S S M I O U N E L Z D O I A
Y E R I C H A R D S O N F V S
E S T A E L C E N L N I I E U
G A A S N U R F U J E W P L X
B B O F A S T P I T C H E R S

SPEED SKATING

BACKSTRETCH
BLADE
BLOCKS
BOOTS
CLAP SKATE
CORNERING
CROSSOVER
CURVE
DRAW
FALSE START

FINISH
GOGGLES
HEAT
HELMET
JUDGE
LANE
LAPS
LONG OVAL
PAIRS
RACER

SAMALOG
SHORT
SKATES
SPRINT
STARTER
STRAIGHT
STRIDE
TEAM PURSUIT
TRACK

```
C K J H K T X T H D G D C F T
O U U C C N H E N O R R D I R
R E D T D L L G L I O A U N E
N D G E C M A A I S R S W I C
E I E R E U M P S A R P B S A
R R H T C A R O S U R T S H R
I T E S S R V V P K P T K D Q
N S A K J E H M E S A E S L Q
G M T C R F A L S E S T A R T
V A C A B E S P A L M N E R E
E J Y B T L H Y W G E L O D Z
L A V O G N O L M G R H A G L
S T A R T E R C S O S L H K A
W S E T A K S M K G B O O T S
N T R A C K N J U S R I A P K
```

SPORTS OVERVIEW

ARCHERY
AUTO RACE
BADMINTON
BASEBALL
BASKETBALL
BOWL
BOXING
CANOE
CRICKET
CYCLING
FENCE

FISHING
GOLF
HANDBALL
HIKING
HOCKEY
HORSE
JUDO
RACQUETBALL
RODEO
RUGBY
SCUBA DIVE

SKATE
SKYDIVING
SLED DOG RACING
SOCCER
SURFING
SWIM
TENNIS
TRACK
TRIATHLON
WRESTLE
YACHTING

```
G S G N I L C Y C R I C K E T
E N L L A B T E K S A B B B R I
T L I E M I W S K O G O I P D
A F T H D Z B Y W G X A H G E
K D F S S D D P O I T K K N L
S B A S E I O L N H C K E I L
C O X U V R F G L A N O L F A
U W C I T E W O R O N L H R B
B L N C N O N T T A A P C U T
A G O C E Y R N C B C H S S E
D M E D E R I A D E E I I R U
I D O K U M O N C R S K N U Q
V R C D D J A J Y E R I N G C
E O Y A C H T I N G O N E B A
H U B A S E B A L L H G T Y R
```

Squash

BACKSWING
BALL
COURT
DOMINATING
DOWN
EYEWEAR
FAULT
FOLLOW-THROUGH
HANDOUT
INTERFERENCE

LET
MARKER
MATCH
NOT UP
OUT
QUARTER COURT
RACQUET
RALLY
RECEIVER
REFEREE

RETURN
SERVER
SERVICE BOX
STRIKE
STROKE
TIN
TURNING
VOLLEY
WALL
WRONG-FOOTED

```
H  J  D  D  H  R  E  D  D  B  L  T  S  T  E
P  G  I  O  E  C  J  K  A  O  R  F  E  U  C
U  D  U  T  M  E  T  C  I  U  W  U  R  O  N
T  U  U  O  K  I  K  A  O  R  Q  N  V  D  E
O  R  T  O  R  S  N  C  M  C  T  F  I  N  R
N  R  R  U  W  H  R  A  A  T  A  S  C  A  E
C  T  A  I  R  E  T  R  T  U  U  Y  E  H  F
S  O  N  E  T  N  W  W  L  I  L  O  B  M  R
N  G  U  R  W  A  I  T  O  L  N  O  O  A  E
I  E  A  R  L  E  D  N  A  L  L  G  X  R  T
T  U  A  L  T  A  Y  R  G  H  L  E  E  K  N
Q  R  E  F  E  R  E  E  T  E  L  O  L  E  I
R  E  V  I  E  C  E  R  H  T  H  A  F  R  E
I  R  E  V  R  E  S  B  V  O  L  L  E  Y  M
W  R  O  N  G  F  O  O  T  E  D  B  A  L  L
```

Super Bowl

AIKMAN
BELICHICK
BRADSHAW
BRADY
CHAMPIONSHIP
CHIPS
COMMERCIALS
COWBOYS
ELWAY

FEBRUARY
FORTY-NINERS
HALFTIME Show
HARRIS
LOMBARDI
MANNING
MONTANA
NAMATH
NATIONAL Anthem

PARTY
PATRIOTS
PIZZA
RICE
ROETHLISBERGER
STEELERS
SUNDAY
TELEVISION
WINGS

```
D  S  L  W  C  R  K  P  A  R  T  Y  E  R  W
A  Z  Z  I  P  O  I  C  K  I  L  D  E  W  A
S  I  R  R  A  H  M  C  I  B  K  G  A  H  H
W  I  N  G  S  N  I  M  E  H  R  M  T  H  S
F  E  B  R  U  A  R  Y  E  E  C  A  A  D  D
O  M  O  N  T  A  N  A  B  R  M  I  D  N  A
R  J  C  H  N  Z  M  S  B  A  C  J  L  Y  R
T  C  H  A  M  P  I  O  N  S  H  I  P  E  B
Y  C  I  L  T  L  S  T  O  I  R  T  A  P  B
N  O  P  F  H  I  D  R  A  B  M  O  L  L  L
I  W  S  T  N  O  I  S  I  V  E  L  E  T  S
N  B  E  I  W  I  E  S  T  E  E  L  E  R  S
E  O  R  M  N  A  T  I  O  N  A  L  Y  U  T
R  Y  F  E  S  G  N  I  N  N  A  M  U  F  N
S  S  U  N  D  A  Y  A  W  L  E  Y  W  Y  A
```

SURFING

BALSA WOOD
BEACH
BELLYBOARDING
BODYSURF
BOOTS
BREAKERS
CALIFORNIA
CREST
CURRENTS
DECK
DING
FIBERGLASS
FOAM

GLOVES
GOOFY-FOOT
HANGING TEN
HAWAII
HEAT
HOT-DOGGING
OCEAN
PADDLE
PEAK
POLYURETHANE
PRONE
RECORD
SHORE

SKEG
SKIMBOARDING
STAND
STYLE
SUNTAN
TAIL
TIDE
TROUGH
WATER
WIND
WIPE-OUT
WOODY

```
H  C  A  E  B  F  R  U  S  Y  D  O  B  S  S
V  M  P  W  I  P  E  O  U  T  D  A  H  K  S
N  P  N  R  D  N  A  T  S  R  L  G  G  I  A
A  O  E  A  O  O  T  E  O  S  U  N  D  M  L
T  L  D  A  E  N  R  C  A  O  I  E  S  B  G
N  Y  I  P  K  C  E  W  R  D  C  C  H  O  R
U  U  T  A  S  R  O  T  R  K  A  S  O  A  E
S  R  Y  D  O  O  W  A  G  L  T  F  R  R  B
R  E  C  D  D  R  O  L  I  N  Y  I  E  D  I
E  T  S  L  A  B  O  F  E  F  I  T  L  I  F
K  H  T  E  Y  V  O  R  O  A  A  G  G  N  T
A  A  Y  L  E  R  R  O  W  W  N  E  N  G  T
E  N  L  S  N  U  T  A  T  I  K  F  O  A  M
R  E  E  I  C  Y  H  G  D  S  N  T  A  E  H
B  T  A  I  L  G  N  I  G  G  O  D  T  O  H
```

SWIMMING

BREATHE
COLLEGE
COOL
CRAWL
DEEP
DIPS
DIVES
DOG-PADDLE
FEET
FINS
FLOAT
GOGGLES
LANE
LEGS
LENGTH

LESSONS
LIFEGUARD
MEET
METER
OLYMPIC
PLUNGE
POINTS
POOL
RACES
ROPES
SAND
SHALLOW
SLIDE
SPLASH
STARTING LINE

STROKE
STYLE
SUIT
SUMMER
SWIM
SYNCHRONIZED
TEAM
TIMED
TOWEL
TRUNKS
TURN
TWIST
WATER
WAVES

```
S  Y  N  C  H  R  O  N  I  Z  E  D  E  E  P
E  G  N  U  L  P  O  I  N  T  S  A  N  D  J
S  N  H  C  R  W  O  P  H  T  G  N  E  L  M
S  E  E  S  O  E  A  O  E  I  S  T  U  R  N
T  T  L  L  A  L  M  R  L  S  T  I  M  E  D
R  O  R  G  D  L  L  M  C  Q  Y  A  W  C  S
U  W  W  O  G  D  P  E  U  T  L  J  O  T  N
N  O  S  E  K  O  A  S  G  S  E  O  I  L  I
K  L  W  W  L  E  G  P  S  E  L  U  M  S  F
S  L  I  D  E  N  A  L  G  G  S  E  R  N  E
E  A  M  C  I  P  M  Y  L  O  E  S  E  O  E
V  H  E  H  T  A  E  R  B  T  D  L  T  S  T
A  S  T  A  R  T  I  N  G  L  I  N  E  S  E
W  A  T  E  R  A  C  E  S  P  I  D  M  E  A
M  S  E  V  I  D  R  A  U  G  E  F  I  L  M
```

SYNCHRONIZED SWIMMING

ALBATROSS
BALLET LEG
CATALINA
CHOREOGRAPHY
CRANE
DOLPHIN
DUETS
EIFFEL TOWER
ELEMENTS
FIGURES

FISHTAIL
FLAMINGO
FREE
GOGGLES
HELICOPTER
IBIS
KNIGHT
LIFT
LONDON
MANTA RAY

MUSIC
NOSE CLIPS
PATTERN
SOLOS
SPINS
STINGRAY
SUBMARINE
TRANSITIONS
TWISTS
WALKOUT

```
T E Y B Y T F I L L Y T P Y A
W L C S A H C F O S H I K W L
I E I T R R E N O G P B M U B
S M N I A I D L I F A I K R A
T E R N T O O N I E R S E G T
S N E G N S K Z N C G W I O R
P T T R A N S I T I O N S G O
I S T A M N R F D T E P A G S
L T A Y I A I O L W R T T L S
C E P P M S L E A A O U M E E
E U S B H P F R E E H O Z S R
S D U T H F M U S I C K N K U
O S A I I G E L T E L L A B G
N I N E C A T A L I N A D B I
L O G N I M A L F F R W K C F
```

TABLE TENNIS

BACKHAND
BALL
BLOCK
CHOP
DEAD BALL
DRIVE
DROP SHOT
FOREHAND
INVERTED
LET SERVE

LOB
LOOP
MATCH
NET
PADDLE
PENHOLD
PIMPLED
PING-PONG
PIPS
PUSH

RACKET
SERVER
SET
SHAKEHANDS
SHORT
SIDESPIN
SKUNK
SMASH
TABLE
TOPSPIN

```
R  A  C  K  E  T  T  B  V  N  H  C  T  A  M
W  T  A  B  L  E  Z  L  G  I  K  I  J  U  I
C  D  F  Q  A  L  E  O  F  P  N  C  P  E  W
H  S  P  I  P  L  Q  C  J  S  U  Z  P  I  L
O  X  M  X  D  Q  W  K  O  P  K  D  S  O  S
P  J  H  D  J  N  G  C  Z  O  S  H  O  I  Z
D  N  A  H  K  C  A  B  D  T  A  P  D  T  P
L  P  D  G  S  D  L  N  T  K  H  E  Z  O  I
S  L  V  E  R  E  A  E  E  R  S  S  R  H  N
B  D  A  I  L  H  R  H  T  P  O  H  U  S  G
O  B  V  B  E  P  A  V  I  S  S  H  T  P  P
L  E  A  R  D  N  M  N  E  A  E  E  S  O  O
Q  H  O  L  D  A  X  I  M  R  N  R  X  R  N
E  F  I  S  L  A  E  S  P  S  E  T  V  D  G
I  N  V  E  R  T  E  D  D  L  O  H  N  E  P
```

TAE KWON DO

AXE
BACK
BELT
BLOCK
BUTTERFLY
CRESCENT
DEGREES
DOBOK
DOJANG
FRONT

HAMMER FIST
HOGU
HOMYUN
HOOK
HOPPING
JUMPING
KICKS
KNEE STRIKE
MARTIAL ARTS
PUSH

ROUNDHOUSE
SCISSOR
SELF-DEFENSE
SHIN
SIDE
SPARRING
SPINNING
TORNADO
TWIST
WHIP

E C U G Y D B T R N M Z E S G

K T R Y N L O O N A E S N P N

I T F E O I S J R O U R S A I

R H S C S S P T A O R P H R P

T O K I I C I P H N I F O R M

S M W C F A E D O N G B G I U

E Y S U L R N N N H Q C U N J

E U D A H U E I T W H I P G L

N N R O O H N M S E E R G E D

K T O R T G Y G M R L H S U P

S K G G A T O R N A D O K X T

K O B O D X B F W W H N C S E

B A C K F I E E X B U E I T D

E S N E F E D F L E S W K H I

B U T T E R F L Y T T I Q X S

Tennis

ALLEY
ANGLE
APPROACH
BALLS
BISQUE
BOUNCE
CHAMPIONSHIP
CHOP
COURT
DEEP
DEFAULT
DEUCE
DOUBLES
DRIVE

FAIR
FAULT
FORCE
GALLERY
GAME
GRIP
JUDGE
LOBS
LOVE
MATCH
NET POST
OPEN
PARK
POINT

RACKET
REFEREE
RETURN
SCORE
SERIES
SERVE
SHOES
SHOT
SINGLES
SLICE
STRAIGHT SETS
STROKE
TENNIS
VOLLEY

```
E Y T C G S I N G L E S D N A
D C E R H A H C T A M O S P I
S R N L U O M I L T U T P G E
E P I U L O P E S B R R S C P
I Y I V O A C O L A O I U E P
R E S H E B P E I A N E E I S
E L C B S T S G C N D D R U T
S L O E E N H H E R E G P N R
H O R N A T O T Y E A C A E O
O V E N S B T I L R R C R P K
E E G E I N T E P U E E K O E
S L T S I L G L C M A L F E F
E S Q O U D O H R I A F L E T
F U P A U B A L L S L H E A R
E H F J S N R U T E R S C D G
```

Tennis Hall of Fame

AGASSI
ASHE
AUSTIN
BECKER
BORG
CAPRIATI
CLIJSTERS
CONNOLLY
CONNORS
EVERT

GIBSON
GOOLAGONG
GRAF
HINGIS
KING
LAVER
LENDL
MCENROE
NASTASE
NAVRATILOVA

RIGGS
RODDICK
SABATINI
SAMPRAS
SELES
SHRIVER
VILAS
WILANDER
WILLS
ZVEREVA

```
L S L L I W X O L G Q T T D H
A A A N M T Q K C I D D O R W
V V J M O R B A U S T I N I G
E E O D P S P S A K U K L G R
R R S L D R B B S X Q A Y G A
T E C A I E A I W E N L H S F
D V C A T T C S G D L B H S S
Q Z T Y I S A O E O K E O H W
S I F N S J A R N J Y C S R V
I Q I H S I V N V N R K L I G
G N O G A L O O G A O E T V V
N N V Z G C Y M C E N R O E E
I V I L A S C V D D E D S R W
H N G K P M W X L V O E J X J
K B A Q V D T T E Y O J P S V
```

TOUR DE FRANCE

ANQUETIL	LEMOND	TEAM
ARMSTRONG	MERCKX	TRIALS
CLIMBERS	MOUNTAINS	ULLRICH
CYCLING	PARIS	VIRENQUE
FROOME	PELOTON	WIGGINS
GENERAL	POINTS	YELLOW JERSEY
HINAULT	SAGAN	YOUNG RIDERS
HINCAPIE	SCHLECK	ZABEL
INDURAIN	SPRINTERS	
LE GRAND DEPART	STAGES	

```
Z  G  Y  T  N  J  T  A  J  D  N  O  M  E  L
I  S  R  E  D  I  R  G  N  U  O  Y  F  I  H
B  S  G  C  S  A  A  S  S  Q  D  F  A  P  H
T  C  N  L  E  R  P  R  N  A  U  P  T  A  I
X  H  I  I  G  M  E  A  U  I  G  E  S  C  N
K  L  L  M  A  S  D  J  S  D  G  A  T  N  A
C  E  C  B  T  T  D  T  W  I  N  G  N  I  U
R  C  Y  E  S  R  N  F  R  O  R  I  I  H  L
E  K  C  R  Z  O  A  U  M  I  L  A  O  W  T
M  M  P  S  T  N  R  P  O  U  A  L  P  L  W
P  S  O  O  B  G  G  T  W  M  C  L  E  Z  I
A  X  L  O  S  R  E  T  N  I  R  P  S  Y  U
G  E  N  E  R  A  L  E  U  Q  N  E  R  I  V
P  G  S  B  M  F  H  C  I  R  L  L  U  B  L
D  L  E  B  A  Z  W  P  I  O  S  C  C  P  S
```

TRACK AND FIELD

ATHLETE
BARRIERS
CONDITIONING
CONTEST
COURSE
DASH
DECATHLON
DISCUS
DISTANCE
EVENT
FEET
FIELD
FINISH

HURDLE
JAVELIN
JOGGING
JUDGE
JUMP
KNEES
LANE
LAPS
LEAD
LENGTH
METER
OBSTACLE
OLYMPIC

PACE
POLE VAULT
RACE
RELAY
RUNNING
SHOTPUT
SPEED
SPRINT
TEAM
TRACK
VAULT
WARM-UP
YARDS

```
V T N O L H T A C E D A E L B
A T S T U K V A U L T F E A E
T T U E E Y A L E R I S R L G
L G H P T E B I Y N R R C N S
U A N L T N F B I U I A I P R
A R N I E O O S O E T G A J U
V E B E N T H C R S G L R E N
E T G J T O E S B O S W A C N
L E U R J H I O J S S P C A I
O M A U T S L T H A P E E P N
P C D G U Y E Y I U V R E E G
K G N C M V H S A D R E I N D
E E S P E T E A M R N D L N K
L I I N P U M R A W D O L I T
D C T D I S T A N C E S C E N
```

BACKSTROKE
BIKES
BOAT
BRAKE
CHAIN
COURSE
CYCLING
DEEP
DISTANCE
DIVE
FIELD
FLOAT
FREESTYLE
HANDLEBARS
HORN

IRONMAN CHAMP
JERSEY
LANE
LAPS
LEAD
LENGTH
LIGHT
MIRROR
PACE
PEDAL
POINTS
POOL
RACE
RIDE
ROAD

SCORE
SPEED
STOP WATCH
SUIT
SWIMMING
TEAM
TIME
TIRE
TRACK
TRAIL
TRIATHLON
TRUNKS
TURN
WATER
WINNER

```
I R T U H C T A W P O T S S E
Y R E C A R R E T A W W C K L
E O O N B R A K E A I T O N Y
S R S N N L I A A M R R R U T
R R P N M I L L M I T D E R S
E I A X I A W I A S I A A T E
J M L B F A N T K N M D C O E
E E H O E G H C S P E E D I R
V C T A I L A C H E C A C P F
I A G T O B D X P A E J O O X
D P N N T U R N Z L M S U I T
L S E N R O H L A D E P R N I
E F L O A T L I G H T O S T R
I V N E C N A T S I D O E S E
F O B I K E S F G N I L C Y C
```

Volleyball

ATTACK LINE
BALLS
BLOCKS
BOUNCES
CENTER
COURT
DEEP
DEFENSE
DRIVE
ELIMINATION
FAULT
FOLLOW-THROUGH
FOUL
FRONT

GAMES
MATCH
MOVES
NETS
OFFENSIVE
OVERHEAD
PARKS
PICNIC
PLAY
POINT
RALLY
REFEREE
RETURN
ROTATE

RULE
SAVE
SCORE
SERVE
SET-UP
SHOT
SINGLES
SMASH
SPIKE
STROKES
SWING
TEAM
VOLLEY
WINS

```
E  L  U  R  E  F  E  R  E  E  M  O  V  E  S
G  N  I  W  S  D  Y  T  B  M  H  M  N  T  D
Z  C  O  U  R  T  R  O  N  Y  G  R  A  A  P
C  E  K  I  P  S  U  I  E  I  U  A  E  E  U
I  C  H  E  T  N  M  L  V  T  O  H  M  E  T
N  D  E  O  C  A  L  S  E  E  R  P  T  E  E
C  D  H  E  T  O  N  R  N  E  H  A  S  S  S
I  S  S  C  V  P  K  I  V  I  T  Y  T  I  C
P  Y  H  M  V  I  L  O  M  O  W  R  N  F  O
A  L  B  N  T  K  S  A  R  I  O  G  O  A  R
R  L  B  N  C  E  O  N  Y  K  L  U  S  U  E
K  A  O  A  R  S  A  V  E  E  L  E  T  L  T
S  R  T  V  L  H  V  S  S  F  O  P  E  T  N
F  T  E  Z  K  L  H  F  D  E  F  E  N  S  E
A  Q  H  S  A  M  S  T  S  K  C  O  L  B  C
```

WATER POLO

BALL
CAPS
CLOCK·
CORNER Throw
CROSSBAR
DEFENSE
DRIVER
DRY PASS
EAR GUARDS
EGGBEATER

EXCLUSION Foul
FACE OFF
FOUL
FREE THROW
GOAL
GOALKEEPER
HOLDING
HOLE MAN
NET
NEUTRAL Throw

OFFENSE
ORDINARY Foul
PENALTY
PERIODS
POOL
POSSESSION
SWIMSUIT
TIME-OUT
WILSON
WING

```
Y N E T I M E O U T C W I N G
R T G E R E V I R D I A L O E
A A G U A M I M K Z E E P X V
N F B W O R H T E E R F C S T
I A E N L Y G H D R L L P I C
D C A O L G O U E R U O U S O
R E T S O L R P A S Y S O K R
O O E L D F E A I R M P C P N
F F R I T E F O B I D O A S E
O F N W K B N E W S L S D S R
U G O L A O G S N C S O N N S
L K A P O S S E S S I O N E Z
A O D E F E N S E R E P R Y T
G N A M E L O H E B A L L C G
Y T L A N E P P N E U T R A L
```

WATER SKIING

ARMS
BALANCE
BINDERS
BOARDING LADDERS
BUOY
CAPS
CONTROL
COURSE
DOCK
FALL
FIBERGLASS
FINGERHOLD
FINS
FLOAT

GRIP
HANDLE
HOLD
HOTDOGGING
INSTRUCTOR
LEGS
LIFE PRESERVER
OCEAN
OUTBOARD
POWERBOAT
RAMP
RIVER
ROPE
SHALLOW

SHORE
SKEG
SLALOM
SLOW
SPLASH
STAND
TIDE
TURN
WAKE
WATERSKI
WAVES
WIND
WIPEOUT

```
S  S  E  H  O  L  D  O  S  R  E  D  N  I  B
P  R  K  S  O  E  C  O  U  R  S  E  B  O  A
L  O  A  E  T  T  D  O  W  T  S  P  A  C  L
A  T  W  M  G  A  D  I  N  E  B  R  O  E  A
S  C  A  E  P  D  N  O  T  T  D  O  B  P  N
H  U  R  S  R  D  L  D  G  I  R  U  A  O  C
A  R  M  L  S  B  F  O  N  G  O  O  W  R  E
L  T  S  O  G  A  O  G  H  Y  I  A  L  T  D
L  S  T  W  L  C  L  A  R  R  T  N  E  U  Y
O  N  U  L  E  A  N  G  T  E  E  Q  G  O  T
W  I  R  A  D  D  L  S  R  D  V  G  A  E  A
A  Q  N  D  L  E  H  S  O  E  R  I  N  P  O
V  J  E  E  G  O  K  C  X  I  B  N  R  I  L
E  R  A  S  R  I  K  W  P  S  N  I  F  W  F
S  X  R  E  V  R  E  S  E  R  P  E  F  I  L
```

WEIGHTLIFTING

ADJUST
ARMS
BALANCE
BARBELLS
BENCH PRESS
BEND
BODYBUILDING
CIRCUS
CLASS
CLEAN AND SAFE
COLLAR
COLLEGE
COMPETE

DESK
DUMBBELL
EVENT
FEAT
GRIP
HANDS
LIFT
LOAD
LOCK
MATS
OLYMPICS
POUNDS
PRACTICE

PRESS
RAISE
REFEREE
SCORE
SNATCH
SQUAT
STEADY
STRENGTH
TIGHTEN
TRAIN
WEIGHTLIFTING
WRIST STRAP

```
P R E S S C I P M Y L O K A W
Y D A E T S S E R P H C N E B
X K N R V M A T S A O A I X W
C B D E B E X H R L C G N S H
L O U F T P N B C E H T M D P
E D M E G H A T A T N R I O S
A Y B R R R G R L L A G U C F
N B B E B R A I T B A N T J E
A U E E I C F I T S D N S H A
N I L P T T O S S S T S C S T
D L L B I D U L C E U S Q E F
S D W N E J A O L C S U I A I
A I G S D N R O R A A P Q R L
F N K A F E D I L T R A I N W
E G E L L O C C O M P E T E E
```

WHITE-WATER RAFTING

BACK ROLLER
CATARAFT
DAMS
DOWNSTREAM
DROP SURFING
DROPS
DUMP TRUCK
FLIP
HELMET
INFLATABLE

Flip LINE
LOW Siding
NOSE DUNK
OARS
PADDLES
PILLOW RIDE
PIROUETTE
Back PIVOT
PUNCHING
RAFT

RAPIDS
ROCKS
High SIDING
SLALOM
SPRINT
STRAINERS
TACO
THROW BAG
VEST
WAVES

```
S M T G O D D I S T D X S E S
P P A H E L M E T R A P R L T
G I O E R E L L O R K C A B R
A N R R R D G P W E W L O A A
B R X O D T S N D A O O T T I
W S A A U U S I I M V O L A N
O I P P R E R N Y H V E C L E
R D G F I W T I W I C A S F R
H I I U O D V T P O T N D N S
T N E L Q A S G E A D L U I W
G G L D U M P T R U C K B P V
Q I X G E S L A T N I R P S H
P I L F T N F K N U D E S O N
U B W Z O T I Q W B T S E V A
R O C K S F J L R A F T C V P
```

Windsurfing

ALBEAU
BIG AIR
BOOM
BOYD
CAMBER
CLEW
DOWNHAUL
JIBE
JUMPS
KNOTS

LEECH
LOOPS
LUFF
MAST
NAISH
OUTHAUL
PLANING
RIG
ROTATIONAL
SAIL

SLALOM
SPEED SAILING
SPINOUT
SUPER X
SURFBOARD
TACK
UPHAUL
WAVE
WET SUIT
WIND

```
R I A G I B K J S W G L H M O
U P H A U L N H P E K U N Q W
Q G A V G L O X E T V A K R W
R I G J X U T H E S E H O J T
I K Z M G F S X D U V T F D L
D R A O B F R U S I A U Y E W
L S E O H E B D A T W O E O G
T U Y B P S N F I P B C M N P
M M A U M I I O L D H K I G A
O O S H W A N A I R D N C L Q
L O U B N A C Y N J A J B A M
A B T W L W T O G L U E I K T
L S P O O L O S P A A M N B L
S C L E W C O D A U D K P B E
D S P I N O U T L I A S K S Z
```

World Soccer Stars

BALE
BECKENBAUER
BECKHAM
BERGKAMP
CRUYFF
DA SILVA
DI STEFANO
GARRINCHA
GASCOIGNE
IBRAHIMOVIC

KLINSMANN
LEWANDOWSKI
MALDINI
MARADONA
MATHAUS
MESSI
NEUER
NEYMAR
PASSARELLA
PELÉ

PUSKAS
ROBBEN
RONALDO
SHEVCHENKO
SOCRATES
SUAREZ
VALDERRAMA
VILLA
ZIDANE

```
O  I  C  B  R  N  M  D  X  A  I  I  T  E  W
D  K  B  E  E  A  S  A  K  S  U  P  A  L  V
L  S  C  R  U  Y  F  F  S  U  G  I  V  E  Z
A  W  O  G  A  L  L  E  R  A  S  S  A  P  L
N  O  Z  K  B  H  M  Z  R  H  E  M  L  H  Z
O  D  E  A  N  F  I  R  N  T  Y  S  D  D  R
R  N  R  M  E  E  I  M  X  A  N  E  E  Y  E
A  A  A  P  K  N  H  N  O  M  H  T  R  C  U
M  W  U  F  C  W  G  C  E  V  G  A  R  M  E
Y  E  S  H  E  L  S  I  V  B  I  R  A  A  N
E  L  A  B  B  T  F  D  O  E  B  C  M  H  A
N  P  A  V  L  I  S  A  D  C  H  O  A  K  D
E  N  N  A  M  S  N  I  L  K  S  S  R  C  I
L  V  I  L  L  A  N  O  D  A  R  A  M  E  Z
I  N  I  D  L  A  M  S  E  R  J  U  G  B  P
```

WORLD SPORTS GAMES

AMATEURS
ATHLETICS
BASKETBALL
BEACH Wrestling
CATALONIA
CHESS
EQUALITY
ESTONIA
FINLAND
FOOTBALL

INDOOR Volleyball
ITALY
JUDO
LATVIA
LIGNANO
MAMANET
MINIFOOTBALL
PÉTANQUE
RIGA
RIMINI

SOLIDARITY
SWIMMING
TABLE Tennis
TALLINN
TENNIS
TORTOSA
VARNA
Beach VOLLEYBALL
WORKERS
WRESTLING

```
E G N I L T S E R W A M V V L
G B V K N L Q C Z G I K A E Y
W A V A N D I A I N O T S E V
O S O L I D A R I T Y B L U K
R K L S L N H F A K E I M Q B
K E L N L C O B A I G L B N J
E T E K A O L L M N A Y H A D
R B Y E T E Q U A L I T Y T N
S A B B V E B N T T H B O E A
Y L A T I V O Q E Q A R S P L
Y L L B A S B N U Y T C I Q N
L U L R C K A N R O O D N I I
I G N I M M I W S D A G N N F
D A G Q A F Q A L U S S E H C
G R I M I N I B J J T F T X W
```

Wrestling

AMATEUR
ATTACK
CONTENDER
CONTEST
CORNER
DIVISION
DROP
FAKE
FALL
FORFEIT
FREE-STYLE
GUARD
HALF NELSON
HEAD

HEAVYWEIGHT
HOLD
LIFT
LOCK
MANEUVER
MATS
MEET
NEUTRAL
OLYMPICS
PALAESTRA
PINS
POINTS
ROPES
SCISSORS

SCORE
SLAM
STANCE
STRATEGY
SUMO
TAG TEAM
TAKE-DOWN
THROW
TITLE
TRIP
WINNER
WRESTLE

```
N  O  S  L  E  N  F  L  A  H  R  O  P  E  S
S  T  N  I  O  P  N  P  I  R  T  S  W  T  T
C  O  K  O  D  E  F  N  E  C  Q  L  R  A  A
I  T  R  C  U  R  W  A  O  E  R  A  E  G  N
P  L  H  T  O  O  A  N  K  E  T  M  D  T  C
M  L  R  G  D  L  T  U  N  E  A  D  N  E  E
Y  A  L  E  I  E  U  R  G  N  A  I  E  A  L
L  F  K  F  S  E  O  Y  E  E  I  V  T  M  Y
O  A  T  T  O  C  W  U  H  N  Q  I  N  G  T
T  I  T  L  E  R  V  Y  R  D  N  S  O  K  S
D  L  O  H  Q  E  F  O  V  P  R  I  C  C  E
X  S  C  O  R  E  M  E  M  A  I  O  W  A  E
S  C  I  S  S  O  R  S  I  U  E  N  P  T  R
E  L  T  S  E  R  W  M  A  T  S  H  S  T  F
R  U  E  T  A  M  A  R  T  S  E  A  L  A  P
```

AMERICA'S CUP	LIGHT	SCHOONER
BEARING AWAY	MAPS	SEAS
BOAT	MASTHEAD	SIGNAL
CATAMARAN	NAUTICAL	SLALOM
COMPASS	NAVIGATE	SOILING
CREW	OCEAN	START
CUTTER	PRIZE	STEER
DINGHY	RACE	TACK
FIBERGLASS	RADIO	TEAM
FINN	REGATTA	TORNADO
FLAG	RIGHT OF WAY	TURNS
FLYING DUTCHMAN	RIGS	WATER
HELM	RUDDER	WIND
KEEL	SAIL	YACHT

```
T A O B D A E H T S A M A P S
F A H M N A U T I C A L R T L
S I L S Q R E D D U R I A I A
C E B A Y K S Z R E Z R A T L
H P C E Y A C O T E T S H A O
O U A S R A W A I E E C A R M
O C T T S G W F T L A L E E K
N S A N T I L A O Y I M K T T
E A M S N A G A G T H N H T O
R C A D G I G N S N H G G U R
E I R E V I F E A S I G N C N
E R A A W E R C R L H R I I A
T E N C I N A E C O I D A R D
S M T U R N S S A P M O C E O
N A M H C T U D G N I Y L F B
```

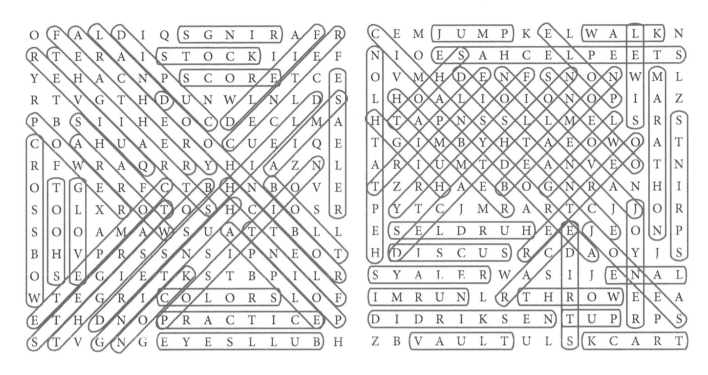

Archery *(page 1)*

Athletics *(page 2)*

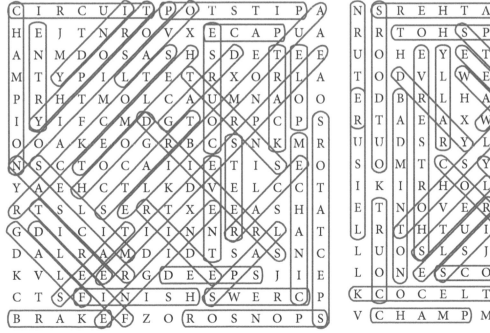

Auto Racing *(page 3)*

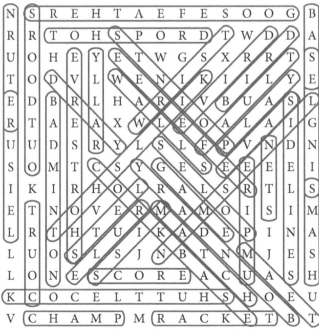

Badminton *(page 4)*

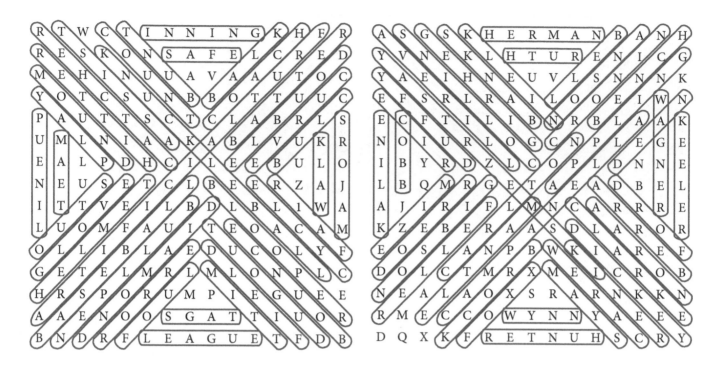

Baseball (*page 5*)

Baseball Hall of Fame (*page 6*)

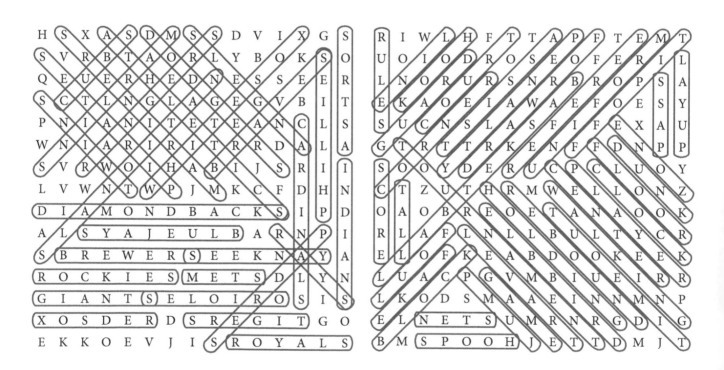

Baseball Teams (*page 7*)

Basketball (*page 8*)

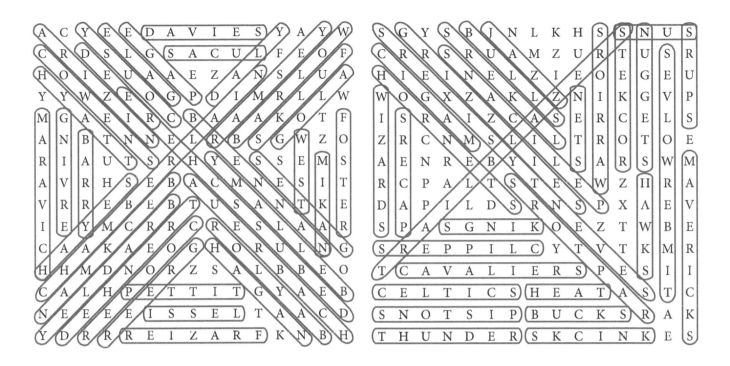

Basketball Hall of Fame *(page 9)*

Basketball Teams *(page 10)*

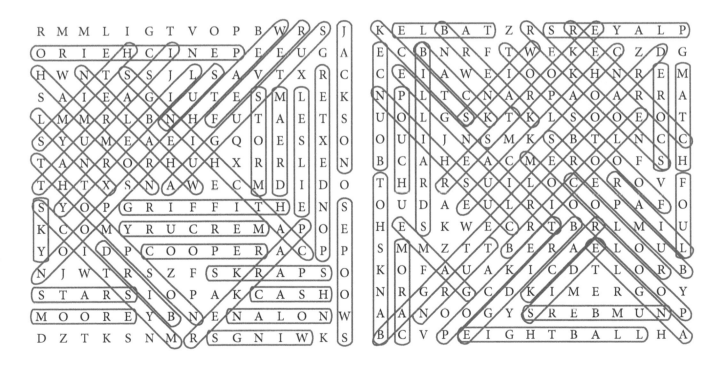

Basketball (WNBA Players and Teams) *(page 11)*

Billiards *(page 12)*

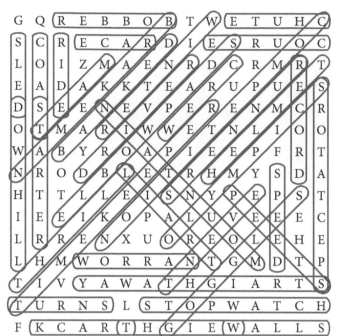

Bobsledding (*page 13*)

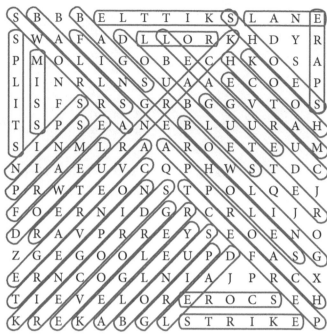

Bowling (*page 14*)

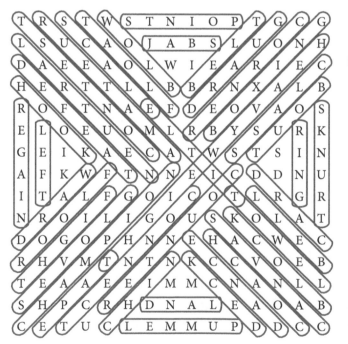

Boxing (*page 15*)

Canoeing (*page 16*)

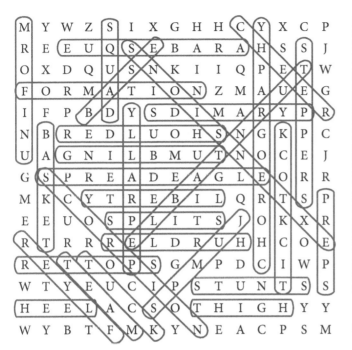

Cheerleading *(page 17)*

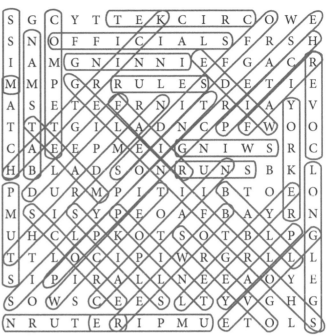

Cricket *(page 18)*

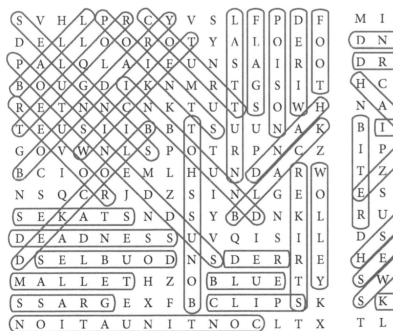

Croquet *(page 19)*

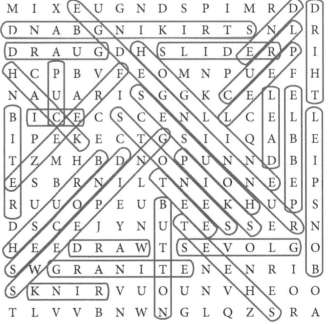

Curling *(page 20)*

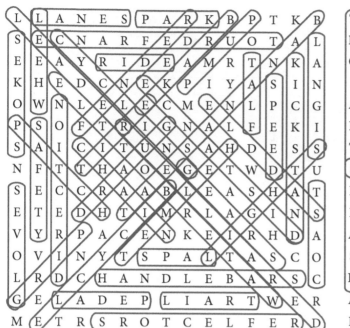

Cycling *(page 21)*

Diving *(page 22)*

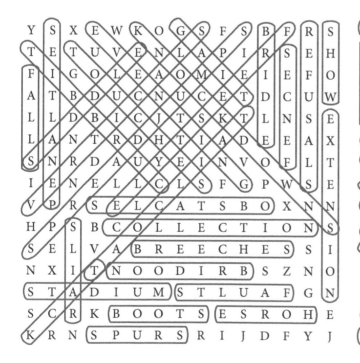

Equestrian Sports *(page 23)*

Famous Jockeys *(page 24)*

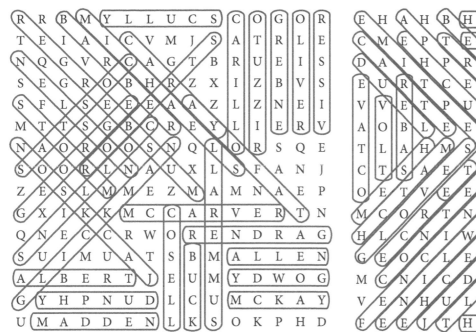

Famous Sportscasters *(page 25)*

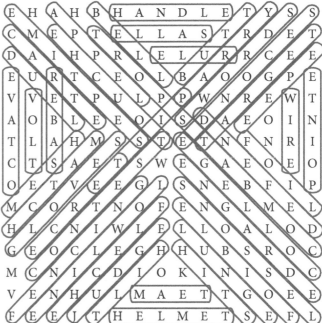

Fencing *(page 26)*

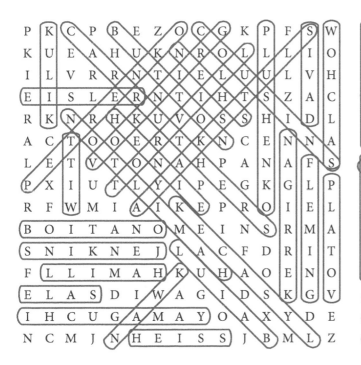

Figure Skating Champions *(page 27)*

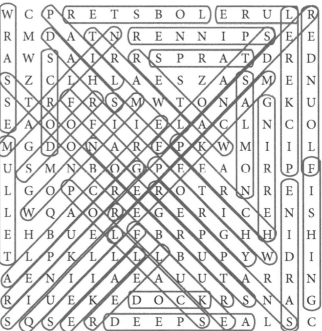

Fishing *(page 28)*

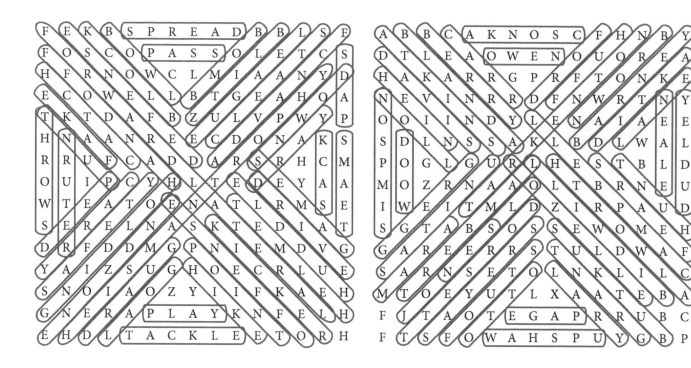

Football *(page 29)*

Football Hall of Fame *(page 30)*

Football Teams *(page 31)*

Golf *(page 32)*

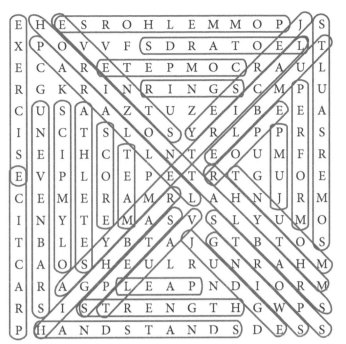

Gymnastics *(page 33)*

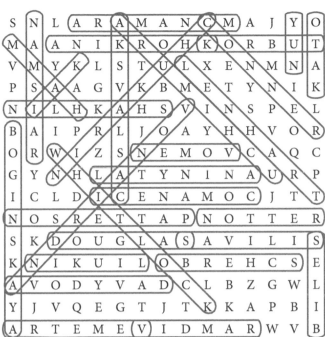

Gymnastics Champions *(page 34)*

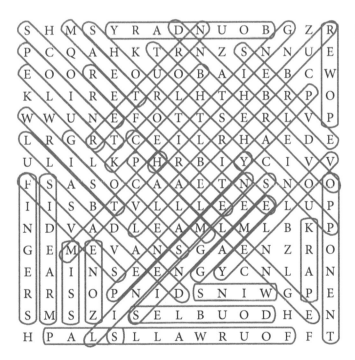

Handball *(page 35)*

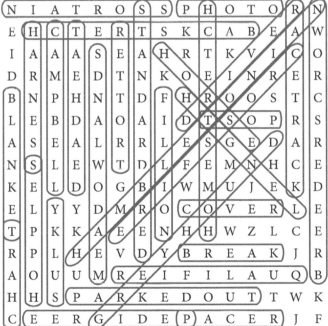

Harness Racing *(page 36)*

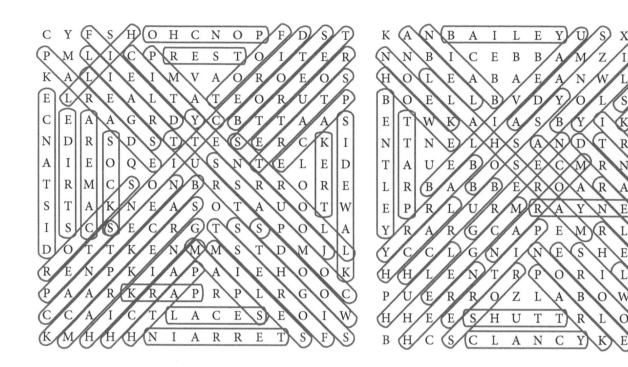

Hiking (*page 37*)

Hockey Hall of Fame (*page 38*)

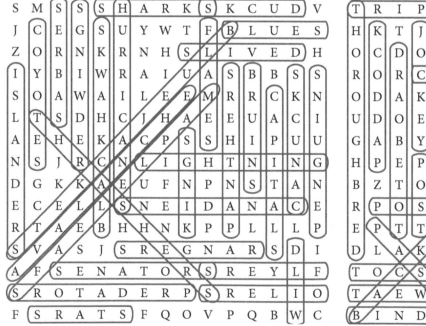

Hockey Teams (*page 39*)

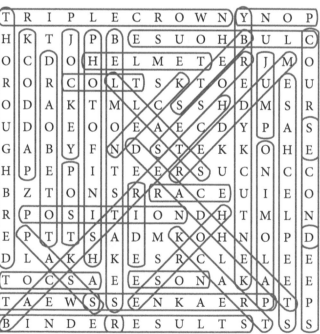

Horse Racing (*page 40*)

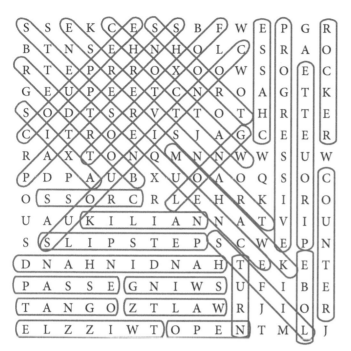

Ice Dancing (*page 41*)

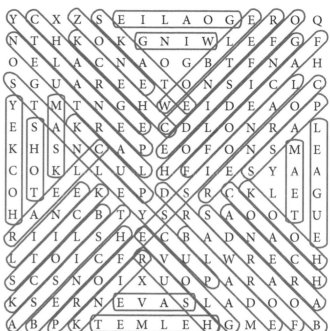

Ice Hockey (*page 42*)

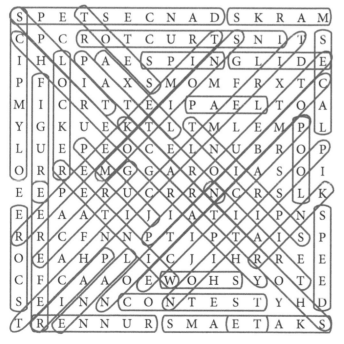

Ice Skating (*page 43*)

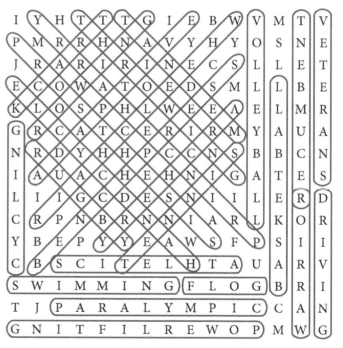

Invictus Games (*page 44*)

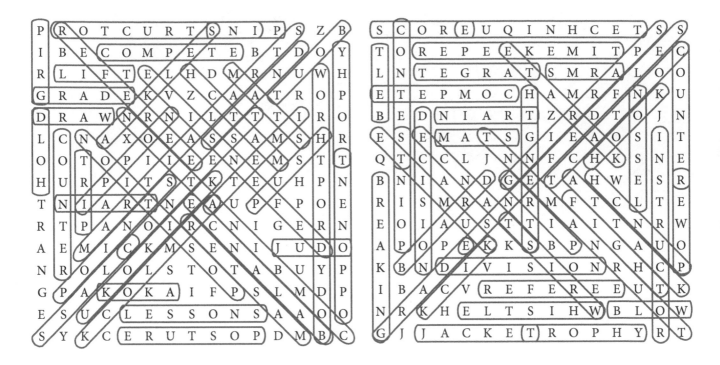

Judo *(page 45)*

Karate *(page 46)*

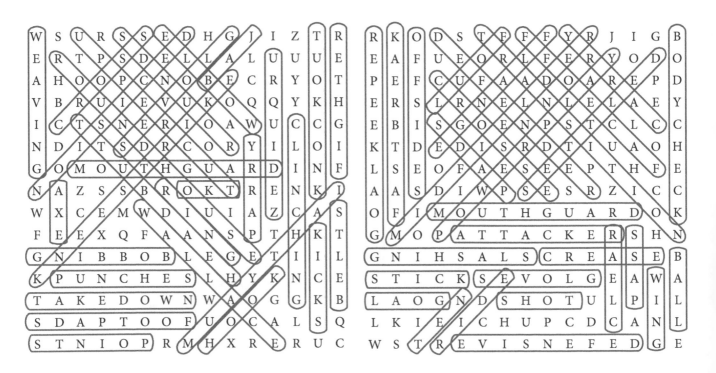

Kickboxing *(page 47)*

Lacrosse *(page 48)*

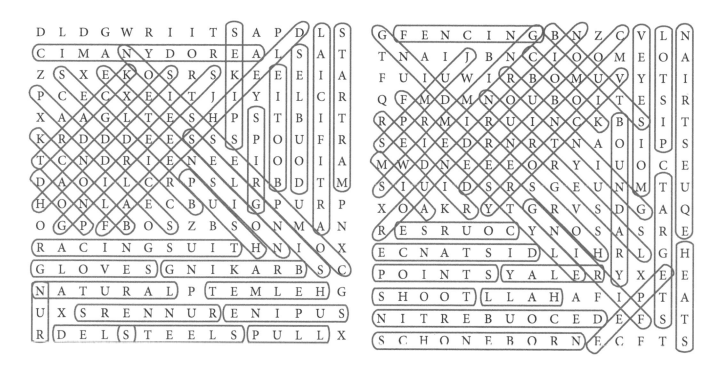

Luge *(page 49)*

Modern Pentathlon *(page 50)*

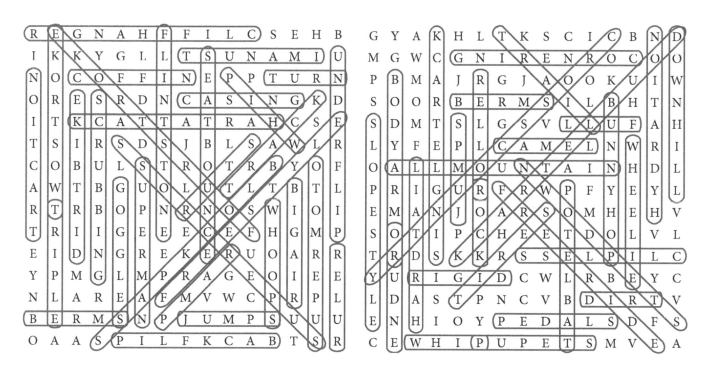

Motocross *(page 51)*

Mountain Biking/BMX *(page 52)*

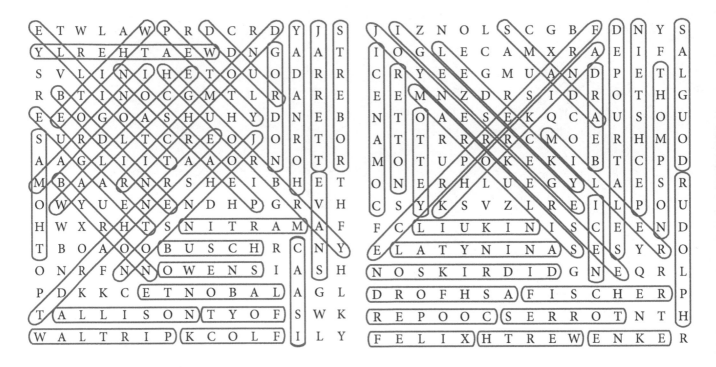

NASCAR Drivers *(page 53)*

Olympic Champions (Female) *(page 54)*

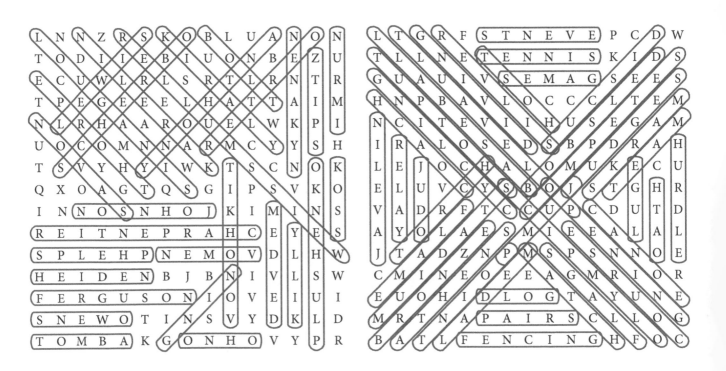

Olympic Champions (Male) *(page 55)*

Olympic Games *(page 56)*

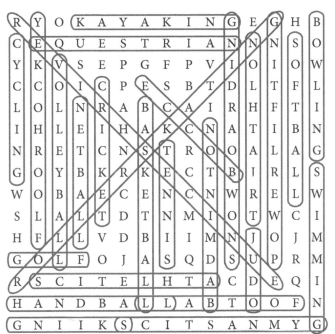

Olympics (Special) *(page 57)*

Olympics (Summer) *(page 58)*

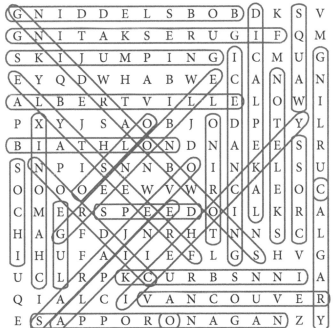

Olympics (Winter) *(page 59)*

Polo *(page 60)*

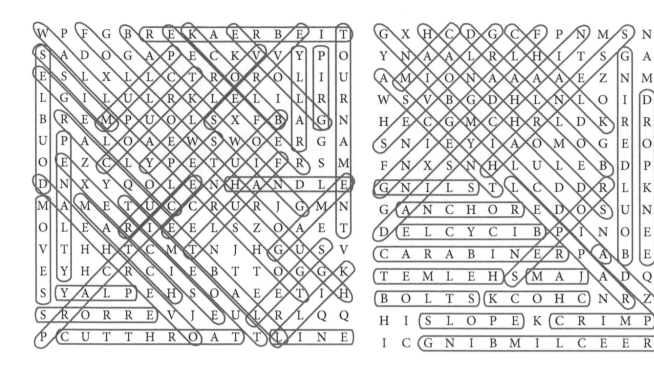

Racquetball *(page 61)*

Rock Climbing *(page 62)*

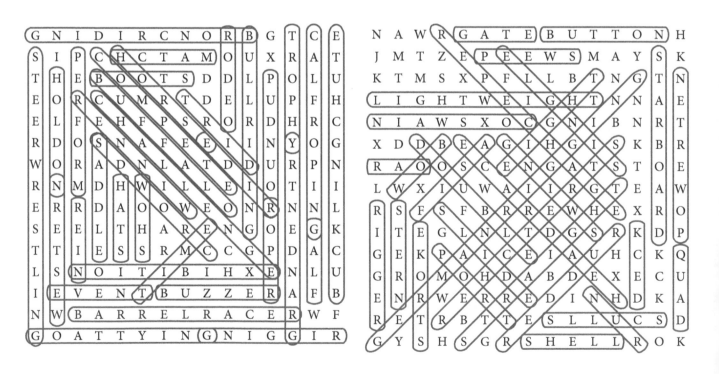

Rodeo *(page 63)*

Rowing *(page 64)*

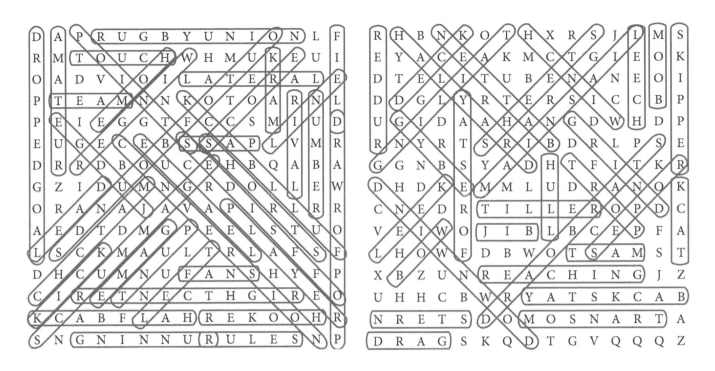

Rugby *(page 65)*

Sailing *(page 66)*

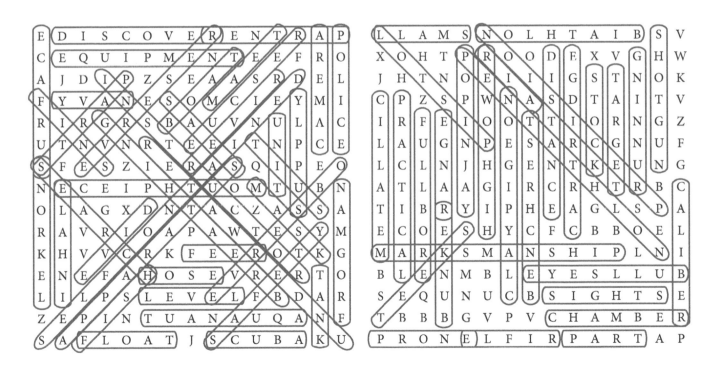

Scuba Diving *(page 67)*

Shooting *(page 68)*

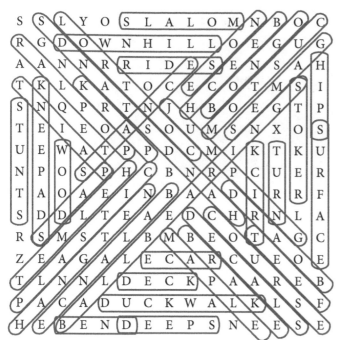

Skateboarding *(page 69)*

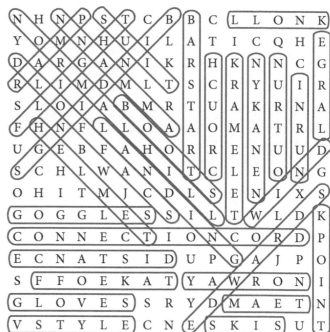

Ski Jumping *(page 70)*

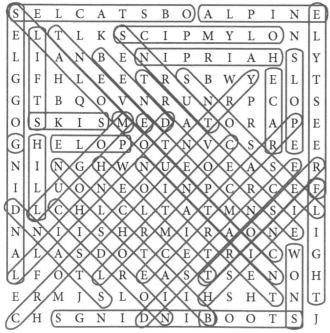

Skiing *(page 71)*

Skydiving *(page 72)*

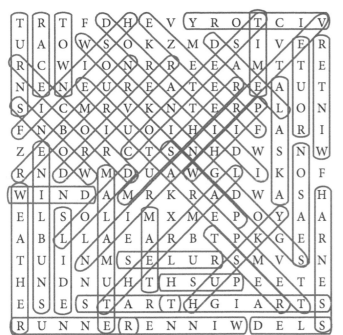

Sled Dog Racing (*page 73*)

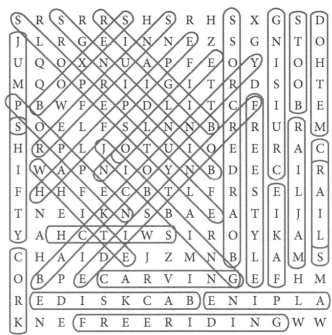

Snowboarding (*page 74*)

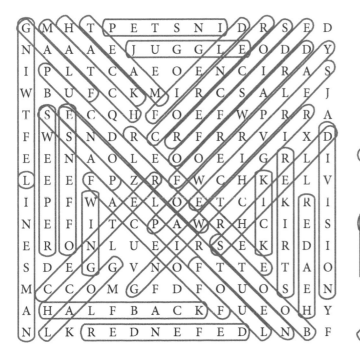

Soccer (*page 75*)

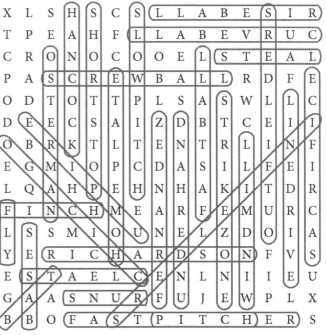

Softball (*page 76*)

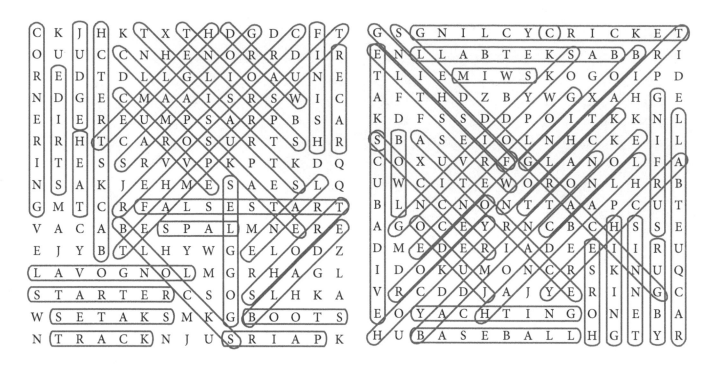

Speed Skating *(page 77)*

Sports Overview *(page 78)*

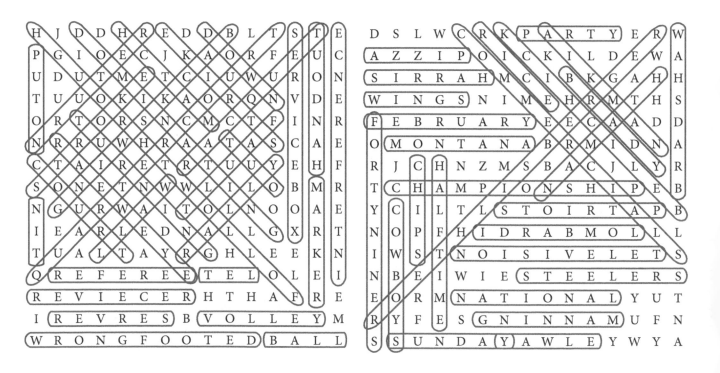

Squash *(page 79)*

Super Bowl *(page 80)*

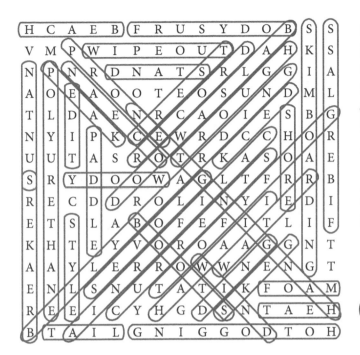

Surfing *(page 81)*

Swimming *(page 82)*

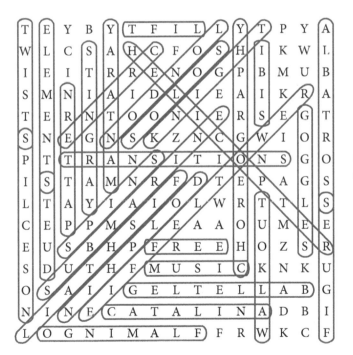

Synchronized Swimming *(page 83)*

Table Tennis *(page 84)*

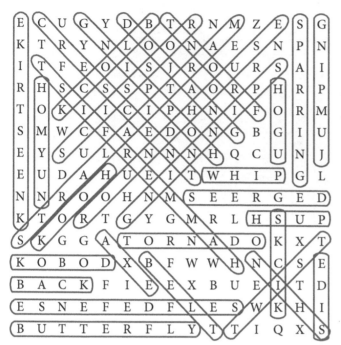

Tae Kwon Do (*page 85*)

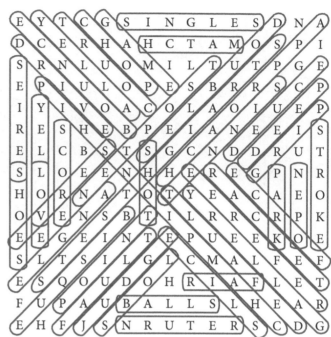

Tennis (*page 86*)

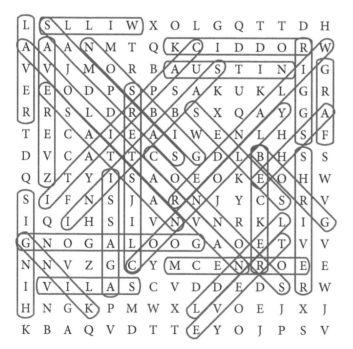

Tennis Hall of Fame (*page 87*)

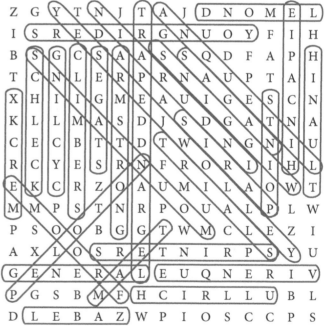

Tour de France (*page 88*)

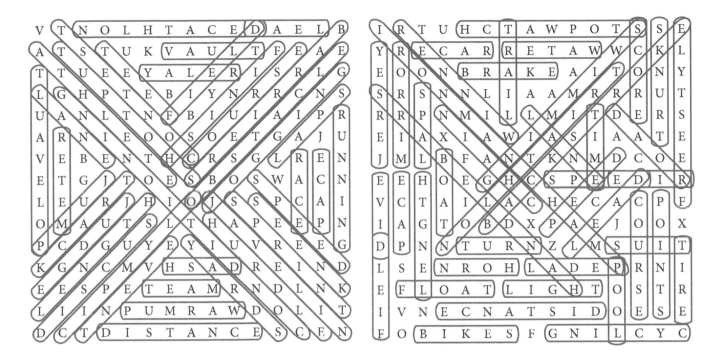

Track and Field *(page 89)*

Triathlon *(page 90)*

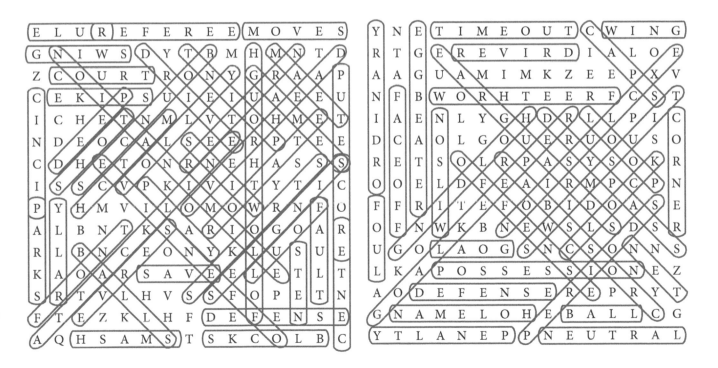

Volleyball *(page 91)*

Water Polo *(page 92)*

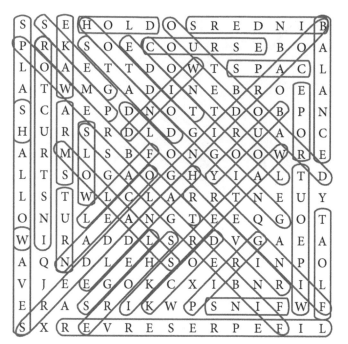

Water Skiing *(page 93)*

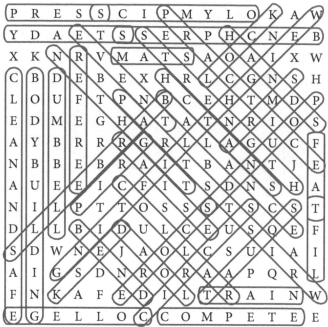

Weightlifting *(page 94)*

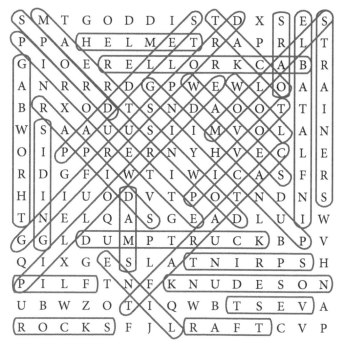

White-water Rafting *(page 95)*

Windsurfing *(page 96)*

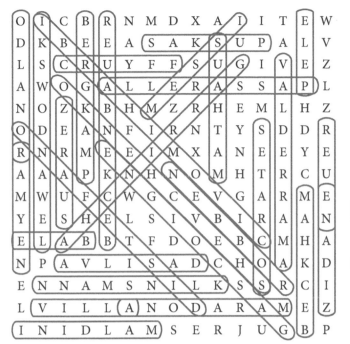

World Soccer Stars *(page 97)*

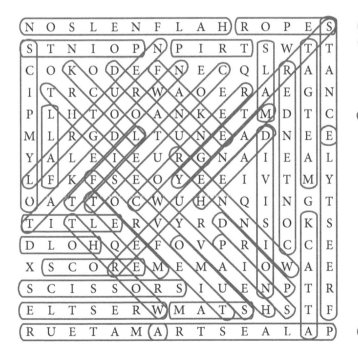

Wrestling *(page 99)*

World Sports Games *(page 98)*

Yachting *(page 100)*